Illustrationen und Idee: Anne Kuster
Geschichte: Rebekka Jost

Von Zahlendrachen
und Schulterzwergen

Mira Feldner ist acht. Sie lebt mit Mama und Papa und ihren Brüdern Jona und Julien zusammen und sie liebt ihre Oma und deren Blumenladen. Mira kann die schönsten Blumensträuße binden, aber eines kann sie nicht und das sind Zahlen. Und deshalb wird sie immer trauriger und einsamer, bis sie ein Geheimnis über sich selbst herausfindet und das verändert nicht nur ihr ganzes Leben.

Rebekka Jost, geboren in Hamburg ist Juristin und lebt seit einigen Jahren mit ihrer Familie auf dem mecklenburgischen Land.
Sie hat bereits drei Romane veröffentlicht, erschienen bei BoD:
    „Das Versteck im roten Haus" und
    „Ein tiefes Vergessen liegt auch über ihren Gräbern Teil 1"
    „Ein tiefes Vergessen liegt auch über ihren Gräbern Teil 2"

Anne Kuster, aufgewachsen in Ahrenshoop auf dem Fischland-Darß. Das Interesse für Malerei und allem Kreativen wurde ihr somit fast in die Wiege gelegt. Heute lebt sie mit ihrer Familie in einem idyllischen Dorf am Schaalsee in Schleswig-Holstein.

Gemeinsam haben sie im Winter 2020
in deutscher Sprache „Mathilda und der Mann auf der Bank",
sowie in englischer Sprache „Matilda and the man on the bench"
veröffentlicht.

www.autorin-rebekka-jost.de
autorin-rebekka-jost@gmx.de

Illustrationen und Idee: Anne Kuster
Geschichte: Rebekka Jost

Von Zahlendrachen und Schulterzwergen

Bibliographische Information der Deutschen Nationalbibliothek:

Die Deutsche Nationalbibliothek verzeichnet diese Publikation in der Deutschen Nationalbibliographie; detaillierte bibliographische Daten sind im Internet über http://dnb.d.de abrufbar.

Herstellung und Verlag: Bod – Books on Demand, Norderstedt

ISBN: 9783754397138

Bauchweh

Mira drückte sich mit ihrem ganzen Gewicht gegen die Glastür des kleinen Blumenladens und bekam das schwere Ding ebenso mit Mühe und Not aufgeschoben. Diese Tür war das einzige, was an Omis Blumenladen doof war. Aber als die kleine Glocke schellte und Mira von der Kälte draußen in das warme Ladeninnere stolperte und den feuchten Geruch des Blumenwassers in den Töpfen und Vasen, gemischt mit den unterschiedlichen Blumengerüchen einatmete, hatte sie die Tür schon wieder vergessen.

„Omi!", rief Mira während sie sich ihr in die Arme warf. Omi fühlte sich weich und warm an und sie roch genauso wie die vielen Blumen, von denen sie tagein tagaus umgeben war. Mira atmete tief ein und hatte schon ein klein bisschen weniger Bauchweh als noch vor ein paar Minuten.

„Hallo mein Spatz! Da bist du ja!", rief Miras Omi, die eigentlich Oma Gerda hieß. „Nana, was ist denn mit dir? Geht es meinem Spatz heute nicht gut?" Oma Gerda musterte Mira stirnrunzelnd.

„Ach, doch, Omi, geht schon. Ich habe nur ein bisschen Bauchweh." Mira seufzte.

„Aha?", machte Oma Gerda und sah Mira mit besorgter
Miene an.

„Dann gib mir erstmal deinen schweren Ranzen her." Oma Gerda nahm den Ranzen von Miras Schultern und stellte ihn hinter den Verkaufstresen. „Der ist ja auch viel zu vollgestopft mit dem ganzen Lernzeugs, was ihr da so habt!"

„War Tante Rosa schon da?"

„Aber nein, wo denkst du hin? Sie kommt doch erst, wenn sie weiß, dass du hier bist."

Mira war erleichtert. Tante Rosa war schon seit vielen, vielen Jahren Omis Freundin und sie kaufte immer bei Omi ihre Blumen und wollte stets, dass Mira den Strauß band. Tante Rosa war immer sehr nett.

Und prompt in diesem Augenblick ging die Ladentür auf und die Glocke schellte und da stand Tante Rosa auch schon.

„Habe ich nicht die kleine Mira gerade eben über die Straße kommen sehen?", flötete Tante Rosa.

Mira fand eigentlich nicht, dass sie klein war, aber wenn Tante Rosa das sagte, dann wollte sie es mal verzeihen.

„Ganz recht, liebe Rosa. Und da hast du dich gleich auf den Weg gemacht?"

„Heute kommen doch die Kinder zu Besuch und da wollte ich wieder einen von Miras Sträußen auf den Tisch stellen."

Mira freute sich über diese Anerkennung. Sie sah zu Oma Gerda. Durfte sie?

„Na, worauf wartest du denn noch?" Oma Gerda zwinkerte Mira vergnügt zu.

Mira durchschritt nachdenklich den Laden und musterte die verschiedenen Blumen. „Würde dir ein Strauß mit weißen Chrysanthemen und roten Nelken gefallen?" Mira sah Tante Rosa gespannt an. „Schau, die Chrysanthemen sehen wie große Schneeflocken aus!"

„Ja, du hast Recht. Das ist sehr winterlich." Tante Rosa lächelte zufrieden.

Mira nahm erst eine Chrysantheme, dann nahm sie eine weitere hinzu und noch eine. Dann steckte sie von den Nelken einige zwischen und um die Chrysanthemen herum. Nun hatte sie schon ziemlich volle Hände. „Omi, gib mir doch bitte etwas von dem Schleierkraut."

Oma Gerda griff in die Vase mit dem Schleierkraut und reichte Mira einige Stängel. „Dass du all die Namen schon weißt! Das finde ich immer wieder herrlich!", schwärmte Tante Rosa. „Ach, wie hübsch das aussieht. Das Schleierkraut gibt dem Strauß den Anschein, als würde er im Schneegestöber stehen!"

„Jetzt fehlen noch ein paar rosa Katzenpfötchen. Wo hast du sie, Omi?"

Oma Gerda reichte Mira einige Stängel und dann drapierte Mira noch etwas Grün um den Strauß herum.

„Großartig, Mira. Einfach zauberhaft!", rief Tante Rosa entzückt.

„Ach, Gerda, weißt du noch? Solche Sträuße hat nur dein Lukas gezaubert. Ach Gott, ist das schon lange her!"

„Papa hat Blumensträuße gebunden?", rief Mira erstaunt aus. „Wann soll das denn gewesen sein?" Mira musste an Papa denken, wie er morgens das Haus verließ und ins Büro fuhr. Mit Hemd und Krawatte und seinem kratzigen Jackett. Mit der Aktentasche unter dem Arm und der Flasche Sprudel in der Hand.

„Ach was, Mira. Das war doch damals, als er noch ein kleiner Knirps war. Jetzt ist er im Büro viel besser aufgehoben." Oma Gerda schüttelte den Kopf.

„Was bekommst du denn für deinen Blumen-strauß?" Tante Rosa zückte ihr Portemonnaie.

„Das Bezahlen kann Omi ja mit dir machen", erwiderte Mira schnell.

„Nein, warum denn? Ein bisschen Rechnen werdet ihr doch schon gehabt haben. Das kannst du bestimmt auch schon!" Tante Rosa nickte aufmunternd.

„16,95 Euro, macht das bitte" sagte Oma Gerda.

Tante Rosa suchte in ihrer Geldbörse und reichte Mira einen Schein und einige Münzen.

Mira betrachtete das Geld in ihrer Hand.

„Das sind 17 Euro, Mira, da bekomme ich noch etwas wieder." Tante Rosa lächelte freundlich.

Mira spürte ihr Bauchweh wieder etwas stärker und reichte schnell das Geld an Oma Gerda weiter.

Als Tante Rosa gegangen war und es wieder still wurde im Blumenladen, hatte Mira wieder starke Bauchweh und als Oma Gerda fragte, ob Mira denn Hausaufgaben auf-habe, da wurde ihr auch noch ganz übel.

Mira seufzte.

Oma Gerda sah sie verwundert an. „Na, nun aber mal raus mit der Sprache. Wo drückt der Schuh?"

„Och...", Mira betrachtete ihren rechten Schuh, wäh-rend sie damit in einer kleinen Wasserpfütze herum-wischte, die von dem Strauß für Tante Rosa getropft sein musste.

„Mira, jetzt sag schon. Hast du Ärger in der Schule?

„Omi, ich glaube ich kann einfach nicht rechnen."

Oma Gerda zog die Stirn kraus. „Was? So ein Unsinn. Wieso denkst du denn sowas? Habt ihr eine neue Rechenart gelernt und du hast sie noch nicht verstanden?"

„Nein, Omi, ich kann einfach wirklich gar nicht rechnen. Alle können es, nur ich nicht und heute..."

„Was war denn heute?"

Mira sah Oma Gerda jetzt doch an. Aus ihren Augen kullerten jetzt Tränen. „Heute sollte ich an der Tafel vorrechnen und ... das kann ich ja nicht. Da haben alle gelacht. Vor allem Malte und die doofe Clara.

„Ach Kindchen!" Oma Gerda drückte Mira fest an sich. Dann tätschelte sie Miras Schulter „Vielleicht müsst ihr nur nochmal bei deiner Lehrerin erfragen, was du zuhause üben musst. Das kann doch so schwer nicht sein. Weißt du, die Schule ist so wichtig und Rechnen fällt ja auch vielen am Anfang schwer. Das ist ganz normal. Das wird schon."

Abends zuhause

Eine Stunde später kam Mama und holte Mira ab. Da war Mira noch immer ganz geknickt. Das Bauchweh war kein bisschen weggegangen, obwohl Oma Gerda so lieb war... Aber morgen würde sie schon wieder in die Schule müssen und morgen hatten sie auch Mathe. Und dann kam noch die ganze Restwoche. Und heute war erst Montag! Und dann noch der ganze Monat bis März... Und dann noch bis zu den Sommerferien... und dann das nächste Schuljahr... Da durfte Mira gar nicht dran denken... Es würde gar nicht gut werden. Omi hatte nicht Recht und das fühlte sich auch richtig doof an.

Im Auto fühlte sich ihr Kopf so schwer an, dass sie sich an die Fensterscheibe lehnen musste, aber das ruckelte immer so doll, wenn Mama über Unebenheiten fuhr. Wie sollte sie bloß die Hausaufgaben zu morgen schaffen?

Zuhause musste Mama sich erstmal um Miras Brüder kümmern. Miras Brüder waren Zwillinge und erst ein Jahr alt.

Mira zog den schweren Ranzen zum Wohnzimmertisch und setzte sich auf das Sofa. Lustlos holte sie das Mathebuch, das Matheheft und die Stiftebox heraus und suchte die Seite mit den Aufgaben.

Als sie die Aufgabe gefunden hatte, legte sie sie schweren Herzens vor sich auf den Tisch und begann darin zu blättern. Sie hasste dieses Buch. Wenn es in der Schule nur kein Rechnen gäbe, dann würde sie bestimmt auch gerne hingehen, aber die Lehrer fanden Rechnen wohl von allen Fächern am wichtigsten. Oder jedenfalls so wichtig wie Lesen. Und naja, wenn Mira an Tante Rosa und das Geld dachte, dann war es wohl auch wirklich wichtig, weil man nur mit Rechnen wusste, wie viel Geld man hatte und brauchte...

Als Mama kam, klappte Mira das Buch eilig zu und auch das Heft. „Bin fertig!"

„Okay, prima. Dann essen wir noch zusammen eine Kleinigkeit und dann kannst du die CD hören, die wir gestern gekauft haben. Das wolltest du doch, oder?"

Mira nickte. Sie hatte ein schlechtes Gewissen, Mama so anzuschwindeln, aber wenn sie Mama die Wahrheit sagte, und die dann merken würde, dass sie nichts von den ganzen Sachen konnte, die sie letztes Wochenende geübt hatten, dann wäre Mama traurig und das wäre noch schlimmer.

Beim Abendbrot konnte Mira kaum etwas essen. Traurig stocherte sie in ihrem Rührei herum.

„Was ist denn mit dir los? Wirst du vielleicht krank?" Mama guckte Mira besorgt an.

Mira zuckte mit den Schultern.

Als Mira endlich im Bett lag, konnte sie nicht schlafen.

Plötzlich hörte sie, dass die Wohnungstür aufgeschlossen wurde. Sie wusste, dass das Papa war.

Sie hörte Mama und Papa sprechen.

„Du bist ja wieder unglaublich spät!" Das war Mama.

„Bitte, jetzt lass mich erstmal in Ruhe ankommen." Papa klang gereizt.

Mama antwortete nicht.

Mira spürte ein Stechen im Magen. Arme Mama. Und vorhin hatte sie Mama auch noch angeschwindelt.

„Tut mir leid. Aber es war wieder nur nervig bei der Arbeit und ich bin wahnsinnig müde. Wie war dein Tag?" Das war Papa. Jetzt klang er freundlicher. Mira atmete erleichtert auf. Es war fast immer so, dass Papa nach der Arbeit unfreundlich war. Mira hatte sich schon oft vor-gestellt, wie es bei Papas Arbeit war. Sie malte sich ein großes Haus aus in dem viele Leute wild durcheinander liefen und jeder schimpfte den anderen an und alle hat-ten es eilig und nichts funktionierte so, wie es sollte. Sie wollte später nicht so eine Arbeit haben wie Papa. Sie wollte lieber wie Omi einen kleinen Blumenladen haben oder sich wie Mama um den Haushalt kümmern. Warum gab es überhaupt so doofe Arbeit wie Papas?

„Ich glaube, Mira wird krank", sagte Mama in diesem Moment.

Kurz darauf klopfte Papa an die Tür ihres Zimmers.

„Hallo mein Spatz. Schläfst du etwa schon?" Papa schlich zu ihrem Bett.

Beim Schleichen sah er so lustig aus, dass Mira lachen musste. „Nein", gluckste sie unter der Decke.

„Ach, sieh an. Das Mira kann ja lachen! Und dabei sagte Mama, dass du wohl krank wirst?" Papa setzte sich auf die Bettkante.

Mira richtete sich auf und drückte Papa fest an sich. „Nein. Ich bin nicht krank."

„Na, da bin ich aber froh. Wie kommt denn die Mama
darauf?"

Mira zuckte mit den Schultern.

„Hast du vielleicht Ärger in der Schule?"

Mira schluckte. Sie konnte jetzt nicht auch noch Papa
anschwindeln. Das war einfach zu viel Schwindelei.

„Na, das kann ich ja kaum glauben! Meine kleine Mira und Ärger?"

Wieder schluckte Mira.

„So jetzt sagst du mir aber, was passiert ist, ja?"

Mira musste an Omi denken und daran, dass sie gesagt hatte, es würde schon werden. Wenn Papa nun auch so etwas sagen würde und sie nicht verstehen konnte...

„Mira, ich möchte jetzt wissen, was los ist. Sonst kann ich nicht ins Bett gehen und schlafen, sondern muss hier sitzen bleiben und dir auf die Nerven gehen."

„Ich habe keinen Ärger, aber ich kann einfach nicht rechnen", flüsterte Mira bedrückt.

Papa sah sie erstaunt an.

„Aber du hast doch gerade letztes Wochenende mit Mama geübt! Das weiß ich genau. Denn ich habe in der Zeit mit Jona und Julien gespielt."

„Ja und ich weiß von all dem nichts mehr."

„Hm...", machte Papa.

Mira sah ihn verwundert an.

Papa verzog nachdenklich die Mundwinkel. „Mama hat mir schon gesagt, dass dir das alles ganz schön schwerfällt."

„Ich versteh einfach nicht, wie die anderen das machen. Wenn es nur kleine Zahlen sind, dann..."

In dem Moment erschien Mama im Türrahmen. Sie stand dort und hörte ganz still zu, was Mira sagte.

„...Wenn es nur kleine Zahlen sind, dann kann ich ja mit den Fingern gucken, was es ist, aber..." Mira stockte. Sie wusste nicht, wie sie das erklären sollte.

„...aber wenn es 14-5 ist, dann hast du nicht genug Finger?!", fügte Papa seufzend hinzu.

Mira betrachtete ihre Finger. Dann sah sie auf. „Ja, genau."

Mama seufzte auch. „Vielleicht kann ich es ihr einfach nur nicht richtig erklären. Ich bin ja auch keine Lehrerin."

„Nein, Mama. Die anderen Kinder können das ja auch und von denen sind die Mamas auch keine Lehrerinnen."

Papa lächelte. Dann zuckte er mit den Schultern und zwinkerte Mama zu. „Da hat sie sicher Recht. Das ist ein gutes Argument."

Mama lächelte mit einem angestrengten Blick, dann kam sie auch an Miras Bett und kniete sich davor. Sie strich Mira über das Gesicht. Mamas Hand war weich und warm.

„Ich weiß nicht, warum dir das so schwerfällt. Du bist schließlich wirklich ein kluges Kind!"

„Aber ich kann es einfach nicht. Und Omi hat auch nicht Recht: Es wird nicht schon einfach werden."

Papa sah Mira nachdenklich an. „Hat sie das gesagt?"

Mira nickte.

„Ach, deine Omi. Sie sagt das, weil sie weiß, dass du klug bist."

Da fiel Mira wieder ein, was Omi noch gesagt hatte. „Papa?"

„Ja?"

„Hast du früher auch Blumen gebunden?"

Papa sah Mira stirnrunzelnd an und Mama blickte überrascht zu Papa.

Papa hüstelte. „Hat Oma das erzählt?"

„Nein, Tante Rosa."

„Tante Rosa! Natürlich!" Papa schüttelte schmunzelnd den Kopf. „Ja ja, Tante Rosa. Die kam immer gerne, wenn ich nach der Schule im Blumenladen war und wollte immer einen Strauß von mir haben."

„Also stimmt es? Du konntest tolle Sträuße?!" Mira sah Papa begeistert an. Das hatte sie nicht von Papa gedacht.

„Ach was. Das hat sie nur gesagt, um mich zu loben. Und damit hat sie mir den Floh ins Ohr gesetzt, Blumenverkäufer zu werden!" Papa lachte auf, aber es klang nicht fröhlich.

„Du wolltest Blumenverkäufer werden?" Mama sah noch erstaunter aus als eben. „Das hast du mir ja noch nie erzählt?"

„Das waren ja auch nur Kindereien. Meine Mutter hat mir schließlich deutlich zu verstehen gegeben, dass das kein Beruf für Männer ist und dass ich lieber eine ordentliche Ausbildung machen soll, damit ich es zu etwas bringe." Papas Blick war nicht zu deuten. Fand er das auch so, oder nicht? Mira konnte nicht sagen, was gerade in Papas Kopf vor sich ging. Sie beobachtete Mama und Papa und konnte nur erstaunt feststellen, dass sie vieles noch nicht wusste.

„Aha, und dann hast du also Industriekaufmann gelernt?" Mamas Blick war ebenfalls nicht zu deuten. Jedenfalls nicht für Mira.

„Nun, genug von mir. Das sind uralte Geschichten. Jetzt geht's um Mira. Was machen wir?", erklärte Papa bestimmt.

„Ich denke, ich sollte mit deiner Lehrerin sprechen. Vielleicht gibt es einen älteren Schüler, der dir das einmal die Woche alles erklären kann", überlegte Mama laut.

„Ja, bestimmt wäre es gut, wenn du mal mit Miras Lehrerin sprichst. Auch um zu erfahren, wie sie das einschätzt." Papa nickte zustimmend.

„Ich rufe sie morgen an. Aber jetzt, meine kleine Mira, musst du schlafen." Mit diesen Worten erhob sich Mama und sie und Papa verließen das Zimmer.

Mira war froh. Papa hatte nicht gesagt, dass das schon werden würde.

Das Gespräch mit Miras Lehrerin

Schon am nächsten Tag telefonierte Mama mit Frau Lehmann und am darauffolgenden Tag trafen sich Mama, Mira und Frau Lehmann. Die Zwillinge schliefen im Kinderwagen.

„Frau Feldner. Mir ist das schon zu Beginn des Jahres aufgefallen. Mira beherrscht das kleine Einmaleins einfach nicht", sagte Frau Lehmann mit strenger Miene.

„Das haben wir allerdings schon im letzten Jahr sehr viel geübt." Mama seufzte.

„Und in den Ferien hast du alles wieder vergessen?" Frau Lehmann sah sie mit gerunzelter Stirn an.

Mira blickte auf ihre Schuhe.

Mama guckte Mira an. „Ich hatte manchmal das Gefühl, sie hätte die Reihen einfach auswendig gelernt, aber dann auch ganz schnell wieder vergessen."

„Und was denken Sie woran das liegt? Wollen Sie die Reihen noch einmal wiederholen?" Frau Lehmann zog die Augenbrauen hoch.

„Frau Lehmann. Wenn ich denken würde, dass es damit behoben wäre, dann hätte ich das sicher mit Mira gemacht. Aber ich denke, dass es Mira schwerer fällt als anderen und ich weiß nicht warum."

Frau Lehmann guckte nachdenklich. „Nun, es gibt die Möglichkeit, dass Mira sich mal mit Frau Zimmermann zusammensetzt und einige Tests macht. Frau Zimmermann ist eine sehr nette Kinderpsychologin, die schon mehreren Kindern an unserer Schule helfen konnte. Möglicherweise kann Sie etwas dazu sagen, woran das bei dir liegen könnte, Mira."

„Ach?", machte Mama.

„Nicht?", fragte Frau Lehmann.

„Ähm, doch, ja. Also, ich hatte gedacht, ob es nicht vielleicht einen älteren Schüler gibt, der das alles einfach besser erklären kann, als ich. Aber natürlich... Also... Tests, sagen Sie?"

„Ja, also wissen Sie, ich bin ja immer vorsichtig, gleich von „Problemen" zu sprechen. Manche Kinder brauchen einfach etwas mehr Zeit und Mira hat ja auch gerade...", Frau Lehmann nickte in Richtung Kinderwagen. „Sie hat ja auch gerade zwei Geschwister bekommen. Und das wirft manchmal alles ganz schön durcheinander... Aber wenn

Sie sagen, dass Sie den Eindruck haben, es falle Mira schwerer als anderen, dann ja, dann empfehle ich Ihnen Frau Zimmermann. Frau Lehmann klang jetzt freundlicher als zu Beginn des Gesprächs, aber Mira wollte am liebsten gehen. Sie hatte keine Lust noch mehr zu rechnen und dann noch mit einer Frau, die sie gar nicht kannte. Ihr gefiel auch nicht, wie Frau Lehmann mit Mama sprach und vielleicht stellte sich doch heraus, dass sie einfach nicht klug war... Vorsichtig blickte sie zu Mama.

Mama erwiderte ihren Blick und sie lächelte. „Was meinst du, Mira. Wollen wir das versuchen?"

„Sprechen Sie doch einfach zuhause in Ruhe darüber und dann teilen Sie mir ihren Entschluss mit. Ich leite dann alles in die Wege."

Am Sonntag war Omis Geburtstag.

Mira hatte ein Bild mit einem riesen Kuchen gemalt. Blumen hatte Omi ja genug im Laden, aber Kuchen nicht.

Mira war froh, zu Omi zu fahren, weil sie nicht mehr darüber nachdenken wollte, ob sie zu dieser Frau Zimmermann gehen sollte.

Aber kaum saßen alle am Wohnzimmertisch und kaum hatte Mira eine Gabel von dem tollen echten Kuchen in ihren Mund gesteckt, als Omi fragte: „Und Mira, geht es dir wieder besser?"

Mira hatte den Mund voll und konnte nicht antworten. Das tat dafür Papa. „Unsere Mira war nicht krank. Aber offensichtlich wäre es gut, wenn einmal geschaut würde, ob sie im Rechnen Hilfe benötigt."

„Ach?", machte Omi. „Hilfe im Rechnen? Aber Isabelle, das ist doch in der zweiten Klasse nicht so schwer. Kannst du ihr das denn nicht zeigen?" Omi sah Mama stirnrunzelnd an.

Papa sah Omi komisch an. „Also, wenn es so einfach wäre, dann hätte Isabelle das wohl hingekriegt. Nein. Es besteht die Möglichkeit, dass Mira durch eine Psychologin getestet wird."

„Getestet!" Oma strubbelte Mira durchs Haar. „Das klingt ja grauenhaft."

„Ach Gerda!" Mama schüttelte den Kopf und verzog den Mund. „Du machst es aber auch nicht leichter. Mira hat ja ohnehin schon keine Lust, diese Untersuchung..."

„Untersuchung!" Oma verzog wieder den Mund. „Das klingt ja..."

„Mutti, nun hör aber mal auf." Papa stupste Omi lachend an.

Mama musste auch lachen und Oma nahm Mira in den Arm und lachte ebenfalls.

„Kindchen, wenn deine Mutter und dein Vater sagen, dass du diese Tests machen sollst, dann sollst du die schon machen. Vielleicht findet die Psychologin ja heraus, was dir hilft." Omi lächelte Mira aufmunternd an.

„Aber du hast doch gesagt, das wird schon!", protestierte Mira.

„Naja, aber da habe ich doch nicht gewusst, dass... Mama übt doch mit dir. Die weiß das deshalb auch besser!"

„Weißt du, Mira," sagte Mama. „Als du noch im Kindergarten warst, da bist du eine Zeitlang zur Logopädie gegangen. Und die Logopädin, Frau Weiß, die hat damals zu mir gesagt, dass bei dir möglicherweise eine Rechenschwäche vorliegt."

„Eine was?" Mira sah Mama verwundert an.

„Das hast du ja gar nicht erzählt, damals!", staunte Oma.

„Nein, ich... dir habe ich es aber bestimmt gesagt, Lukas, oder? Ich habe es vergessen. Es war damals ja noch nichts Dringendes und ich habe gedacht, vielleicht wird das ja auch noch. Mira war ja noch so klein."

„Na, guck mal, Mira. Und im Laden bei mir, da magst du ja auch nicht gerne rechnen. Nicht wahr?", stellte Omi fest.

Mira zuckte mit den Schultern.

„Ja, also Mira. Da müssen wir auf jeden Fall herausfinden, was los ist. Und dann möchte ich auch wissen, was diese Psychologin dazu sagt."

Mira wusste, wenn Oma in dem Ton sprach, dann war das beschlossen.

Dann war es soweit.

Papa hatte sich frei genommen, damit Mama mit Jona und Julien zuhause bleiben konnte. Anstatt in ihre Klasse zu gehen, trafen Papa und Mira gleich morgens Frau Zimmermann vor dem Lehrerzimmer. Mira war ganz schlecht. Sie schielte zu Papa. Er wirkte sehr ernst.

„Guten Morgen Herr Feldner, guten Morgen Mira." Frau Zimmermann reichte jedem nacheinander die Hand. Im linken Arm hielt sie einen Packen Unterlagen. „Dann wollen wir mal einen ruhigen Raum suchen. Frau Bernhard hat uns Ihren Raum angeboten. Frau Bernhard hat die 4B und ist auch die Lehrerin, die die Kinder mit Rechenschwäche unterrichtet. Sie ist speziell geschult."

Mira griff nach Papas Hand und beide folgten Frau Zimmermann durch die leeren Schulflure. Die anderen Kinder waren alle schon in ihren Klassen. Aus manchen Räumen hörten sie Stimmen und plötzlich rannte ein größerer Junge an ihnen vorbei. Er hatte sich offenbar verspätet. Mira beobachtete im Weitergehen, wie er seine Jacke auf einen der Haken an der Wand warf und an eine Klassentür klopfte. Zu spät kommen war blöd, aber Mira hätte jetzt trotzdem gerne mit ihm getauscht und wäre lieber in ihre Klasse gegangen, als Frau Zimmermann zu folgen.

„So, da wären wir. Die Klasse 4 B ist heute auf einem Schulausflug." Frau Zimmermann öffnete die Tür und sie traten ein.

Der Test

Die Luft roch abgestanden und Frau Zimmermann öffnete ein Fenster. Sie lachte dabei in gezwungenem Ton und sagte: „In so einer Luft kann wohl keiner rechnen."

Papa lächelte ebenfalls gezwungen.

Mira konnte nicht lächeln. Ihr Bauchweh wurde wieder stärker. Waren das etwa alles Rechenaufgaben, in Frau Zimmermanns Arm?

Frau Zimmermann legte den Packen auf dem Lehrerpult ab und setzte sich. „Nehmen Sie Platz. Zunächst einmal will ich mich vorstellen. Mein Name ist Zimmermann, ich bin Psychologin und meine Schwester, sie heißt auch Frau Zimmermann, ist hier Lehrerin. Deshalb kenne ich die Schule ganz gut und die Schule kennt mich." Frau Zimmermann lachte leicht auf. „Meine Schwester unterrichtet die Klasse 4 A, in die gerade unser Tobias gerannt ist. Er ist mal wieder zu spät. Das kennen wir schon!" Sie zog die Augenbrauen hoch. „Kommen wir zu dir, Mira. Deine Lehrerin, Frau Lehmann hat mich gebeten, Tests mit dir zu machen. Ich habe hier einiges an Unterlagen dabei, wie du siehst. Aber du musst keine Angst haben. Wir werden jetzt hier nicht stundenlang schwere Prüfungen machen. Das sieht viel schlimmer aus, als es ist." Frau Zimmermann lächelte Mira zu. Dann wandte sie sich an Papa.

„Herr Feldner. Kurz zu ihrem Verständnis. Die Testung, die ich jetzt gleich mit Ihrer Tochter machen möchte, dient dazu, eine Dyskalkulie, eine Rechenstörung oder Rechenschwäche zu diagnostizieren."

Mira spürte, dass Papa bei dem Begriff „Rechenstörung" zusammenzuckte. Er runzelte kaum merklich die Stirn, aber Mira konnte das sehen. Sie konnte immer alles bei Papa sehen.

Frau Zimmermann sprach weiter: „Wie läuft so eine Diagnostik ab?" Die Kinderpsychologin sah Papa mit ihrem strengen Blick an.

Mira hatte das Wort noch nie gehört. Diagnostik. Sie kannte das schon, dass Erwachsene manchmal komplizierte Wörter benutzten... Aber es bedeutete bestimmt nichts Gutes. Anscheinend hatte sie ja eine Störung. Jedenfalls hatte Frau Zimmermann das so genannt. Eine Störung klang gar nicht gut.

Papa sah ratlos zurück. Mira kannte Papa gar nicht so ernst und zurückhaltend. Das beunruhigte sie noch mehr.

„Also eine Austestung auf eine Rechenschwäche oder Rechenstörung machen wir immer am Vormittag, deshalb habe ich sie so früh hergebeten. Das ist ganz wichtig, damit Mira nicht schon müde ist, wenn sie hier anfängt. Am Morgen und ausgeschlafen kann sie mir noch am besten zeigen, was sie kann und ist am aufnahmefähigsten. Ich rechne damit, dass wir hier ungefähr zwei Stunden brauchen werden. Wir werden jetzt mit einem gemeinsamen Gespräch beginnen. Dabei ist für mich besonders die Vorgeschichte und die aktuelle Situation ihrer Tochter wichtig. Wo steht Mira momentan, wo sind die Baustellen, warum kommen Sie zu mir, warum möchten Sie das jetzt austesten lassen. Wie läuft es gerade in der Schule, was haben Sie bisher schon gemacht, um das Problem anzugehen. Anschließend wird die eigentliche Leistungsdiagnostik gemacht. Die besteht aus einem allgemeinen Leistungstest mit dem wir die Stärken und Schwächen Ihres Kindes gut abgleichen können. So bekommen wir schon mal ein sehr gutes Gesamtbild. Dann folgt ein normierter Rechentest.“

Mira hatte kaum mehr zugehört. Das klang alles nach Erwachsenenzeug. Aber bei dem Wort Rechentest horchte sie auf. Das klang überhaupt nicht gut! Sie sah Frau Zimmermann unwohl an.

„Dieser Test ist jetzt entsprechend Miras Alter der ERT 2+ Test. So heißt der.“ Frau Zimmermann hielt Papa einen

Packen Papiere hin. „Den Namen müssen Sie sich nicht merken. Das sage ich nur, um es verständlich zu machen. Ja. Das wäre dann auch schon alles. Nun eine Frage an Sie: Haben Sie Miras Schulhefte mitgebracht? Da würde ich gerne zuallererst einen Blick hineinwerfen. Da bekomme ich dann schon mal einen Eindruck, wo Miras Probleme liegen können."

„Und wie geht es nach dem Test weiter?" Papa seufzte.

„Nachdem ich den Test ausgewertet habe, lade ich Sie zu einem abschließenden Beratungsgespräch ein und da werde ich Ihnen dann den schriftlichen Befund und meine Empfehlungen erläutern. Es wäre schön, wenn auch Miras Mutter dabei sein könnte. Dann werden wir alles Weitere besprechen, zum Beispiel, ob es für Mira sinnvoll wäre, zu Frau Bernhard in den Matheunterricht zu gehen und ich kann Ihre Fragen beantworten, wenn Ihnen dann welche eingefallen sind. Ja. Also das wäre erstmal alles."

Papa nickte nachdenklich.

„Ja, dann würde ich Ihnen ein paar Fragen zu Mira stellen. Wäre das okay für Sie?"

Papa zuckte mit den Schultern. „Ja, okay."

Dann stellte Frau Zimmermann viele Fragen. Mira staunte, was sie alles wissen wollte und Papa antwortete. Manchmal sollte auch Mira antworten. Fast hätte sie den

Test vergessen, aber dann war es soweit und Frau Zimmermann legte einige Zettel vor Mira auf den Tisch. Mira schluckte.

Frau Zimmermann lächelte ihr aufmunternd zu und Papa lehnte sich zurück.

Die ersten Aufgaben waren gar nicht so schwer und Mira dachte schon, dass es vielleicht doch nicht so schlimm werden würde. Sie versuchte unauffällig auf ihre Finger zu blicken und abzuzählen.

Die ganze Hand, Daumen und Zeigefinger weg, dann zählen. Die Zahlen kannte sie ja zum Glück. Eins, zwei, drei. Sie schrieb das Zeichen mit den zwei übereinander liegenden Bergen. Das war die Drei. Aber dann kamen mit einem Mal Zahlen für die sie keine Finger hatte. Die Eins. Das war der linke Daumen und die Vier, das war der linke Ringfinger, aber sie standen zusammen und da waren kein Plus und kein Minus. Mira spürte, dass ihr ganz heiß wurde. Sie blickte unauffällig zu Frau Zimmermann, aber die bemerkte ihren Blick sofort und lächelte wieder so aufmunternd. Mira blickte wieder auf das Papier. Sie wusste nicht, was sie mit dieser Zahl machen sollte. Es war eine große Zahl. Das war klar. Aber... dann kam ein Plus und dann eine Sieben. Die Sieben war der rechte Zeigefinger... Aber die andere Zahl...? Mira hatte das Gefühl, als ob die Zahl zu groß war, um in ihren Kopf zu passen. Stattdessen fingen die Zahlen jetzt an, herumzutanzen. Wenn ihr wenigstens einfallen würde, was sie mit Mama auswendig gelernt hatte. Mira schaute auf ihre Finger und fand einfach keine Lösung.

In dem Moment sagte Frau Zimmermann: „Mira, wenn du diese Aufgabe nicht lösen kannst, dann mach doch die nächste. Es ist nicht so schlimm, wenn du Aufgaben auslässt."

Mira war einerseits enttäuscht, dass sie die Aufgabe nicht geschafft hatte, andererseits war sie wirklich erleichtert, sich auf die nächste Aufgabe konzentrieren zu können…

Eine Woche später war das zweite Gespräch mit Frau Zimmermann.

Mira hoffte, dass sie wenigstens einige Aufgaben richtig hatte, dass sie wie durch ein Wunder die richtigen Zahlen geschrieben hatte. Es gab Wunder und manchmal war ihr das auch schon im Unterricht passiert.

Diesmal kam auch Mama mit. Omi passte auf die Zwillinge auf. Sie gingen draußen vor der Schule spazieren.

„Frau Feldner, Herr Feldner, Mira, also ich muss sagen, das Ergebnis der Testung ist ganz eindeutig ausgefallen und das ist ja auch gut so, denn nun können wir Mira helfen."

„Ach?" Papa sah Frau Zimmermann nachdenklich an.

„Ja, es ist immer wieder erstaunlich, aber Frau Lehmann hat da ein so gutes Gespür für. Es war sehr richtig, dass sie Sie zu mir geschickt hat. Sie haben großes Glück, dass Mira in ihre Klasse geht."

„Ach?", machte nun Mama.

„Und was bedeutet das nun?", fragte Papa.

Mira sah Frau Zimmermann unsicher an.

„Mira hat eine Rechenstörung. Da müssen wir dringend etwas tun. Mit etwas mehr Üben ist das nicht getan. So eine Rechenschwäche oder Rechenstörung erfordert ein systematisches Training. Mira?" Frau Zimmermann zeigte auf eine Aufgabe, die Mira gerechnet hatte. Jedenfalls wahrscheinlich, denn es war ja Miras Schrift. Aber bei den Zahlen, die sie geschrieben hatte, war sie nicht sicher. Das eine war eine Sieben und das andere sah so ähnlich aus, aber Mira war nicht ganz sicher, ob es auch eine Sieben war, sie überlegte, dass es auch eine andere Zahl sein könnte.

„Wie bist du auf diese Siebenundsiebzig gekommen?"

Mira betrachtete die Zahl. Sie hieß also Siebenundsiebzig? „Das habe ich gerechnet!", sagte sie eilig.

Mama guckte erstaunt und Papa auch.

„Was ich Ihnen sagen will ist, dass Mira zwar die Symbole sieht und teilweise malen kann, aber sie kann damit nichts anfangen."

Mira blickte beschämt zu Boden. Sie konnte mit Etwas nichts anfangen, das andere ganz leicht fanden. Sie hatte eine Störung oder eine Schwäche, wo andere gut waren. Alle aus ihrer Klasse zum Beispiel.

Plötzlich spürte Mira, dass Mama sie in den Arm nahm. Sie blickte zu Mama auf und Mama lächelte. „Das ist okay, Mira. Es ist alles okay. Du bist okay."

Mira runzelte die Stirn. Wie sollte das okay sein?

„Es ist ärgerlich, dass ich es nicht gemerkt habe, als wir geübt haben. Das tut mir leid."

Mira wusste nicht, was sie sagen sollte. Es fühlte sich an, als wenn ihr Herz plötzlich viel leichter wurde.

„Aber wie können wir Mira denn jetzt helfen?", fragte Papa.

Plötzlich fasste Mira Hoffnung. „Muss ich jetzt nicht mehr zum Matheunterricht gehen?"

Mama und Papa guckten Mira erstaunt an, aber bevor sie etwas sagen konnten, begann Frau Zimmermann zu sprechen.

„Ich biete an, Mira bei Frau Bernhard anzumelden. Einmal die Woche kann Mira dann mit anderen Kindern, die ähnliche Schwierigkeiten haben und mit Frau Bernhard üben. Es gibt viele Techniken, die sich bewährt haben. Die trainiert Frau Bernhard mit Mira. Es geht ja nicht nur um den Matheunterricht. Wie sie selbst berichtet haben, kann Mira zum Beispiel die Uhr nicht lesen. Das hängt auch mit ihrer Rechenstörung zusammen. Das wird sie auch nicht einfach irgendwann lernen, sondern sie muss Strategien erarbeiten, wie sie mit der Zeit zurechtkommt. Frau Bernhard erarbeitet mit den Kindern auch Tricks, sage ich mal, wie sie mit dem Fahrplan zurechtkommen können und so weiter. Im Grunde geht es darum, andere Techniken zu finden, die helfen, die Rechenschwäche zu überbrücken. Dafür wäre es super, wenn Sie auch möglichst oft mit Mira üben können, was sie bei Frau Bernhard erarbeitet hat. Aber zum Matheunterricht gehst du natürlich weiterhin." Mira seufzte.

„Es gibt auch spezielle Förderungen für Kinder mit Dyskalkulie. Allerdings müssen Sie die Kosten dafür selbst tragen. Das wird nicht unterstützt. Bei Legasthenie ist das anders, aber auf der Förderung von Kindern mit Dyskalkulie bleiben die Eltern sitzen. Deshalb empfehle ich erst mal die Förderstunden bei Frau Bernhard auszuprobieren. Das bietet die Schule kostenlos an. Wenn das nicht genügt, können wir immer noch überlegen, etwas anderes zu versuchen."

Mama und Papa nickten nachdenklich. Mira hatte das Gefühl, sie waren genauso überrollt von all dem Neuen wie sie selber.

Nach dem Test
wird es gar nicht besser

Nach dem Gespräch trafen sie sich draußen mit Omi und den Zwillingen.

„Na, wie war es? Was hat die Psychologin gesagt?" Omi sah Mama und Mira und Papa gespannt an.

„Nun ja...", Papa guckte zu Mira und Mira sah zu Boden. „Offenbar braucht Mira Unterstützung in Mathe. Andere Unterstützung als nur Hausaufgabenhilfe. Aber Frau Zimmermann..."

„Ich habe eine Störung oder eine Schwäche, hat sie gesagt."

„Was?" Omi guckte mit gerunzelter Stirn von einem zum anderen. „Eine was?"

Mama kniete sich vor Mira und legte ihre Hände auf Miras Schultern. „Das hat Frau Zimmermann wirklich furchtbar oft gesagt, aber das ist Unsinn. Mira, das darfst du dir nicht zu Herzen nehmen. Das sagt man so. Das sind Fachbegriffe oder so etwas, aber sie bedeuten nicht, dass du verkehrt bist. Du hast keine Störung oder Schwäche."

„Doch. Ich kann das ja alles wirklich nicht. Ich habe dich nur angelogen." Aus Miras Augen kullerten plötzlich Tränen.

Mama nahm Mira in den Arm.

„Das waren keine richtigen Lügen. Bei richtigen Lügen sagt man etwas was nicht stimmt, damit man einen Vorteil hat. Aber du hast nur so getan, als ob du die Hausaufgaben gemacht hast, damit du keinen Nachteil hast, damit ich nicht traurig bin oder ärgerlich oder nicht weiterweiß. Aber jetzt wird es besser. Frau Bernhard…"

„Ich will nicht zu Frau Bernhard."

Papa beugte sich zu Mira herunter. „Wir gehen jetzt erstmal nach Hause und lassen alles ein wenig sacken und dann sehen wir weiter. Jetzt sind wir alle zu aufgeregt um nachzudenken oder etwas zu entscheiden."

„Das ist sehr vernünftig, Lukas. Ich komme mit zu euch und koche etwas, dann könnt ihr vielleicht ein Spiel spielen und euch ablenken", sagte Omi in resolutem Ton.

Am Abend war Mira noch immer ganz geknickt. Als sie in ihrem Bett lag, konnte nicht mal Teddy Leo sie trösten. Es wurde kein bisschen besser. Sie hatte eine Störung oder eine Schwäche und musste trotzdem weiter zum Matheunterricht und jetzt auch noch einmal die Woche zu Frau Bernhard. Sie kannte Frau Bernhard nicht, aber bestimmt war sie so wie Frau Zimmermann und die mochte Mira gar nicht. Es wurde nicht besser, sondern immer schlimmer...

Am nächsten Morgen hatte sie solche Bauchschmerzen, dass Mama sie in der Schule krankmelden musste.

„Ich gehe jetzt zur Arbeit, mein Mäuschen, werd' schnell gesund!" Papa beugte sich zu Mira herunter und gab ihr einen Kuss auf die Stirn.

Mira rang um ein Lächeln. Papas Jackett kratzte, als sie nach seinem Ärmel griff. „Papi, kannst du nicht hierbleiben und mir vorlesen?"

„Das würde ich liebend gerne, aber ich muss ins Büro. Das weißt du doch." Papa seufzte. Mira konnte in seinen Augen sehen, dass es ihm leidtat.

„Aber es wäre doch so schön... Papi..."

Papa lächelte. „Ja, das wäre schön. Aber ich muss nun mal los."

„Aber du magst doch gar nicht gerne ins Büro fahren." Mira wollte nicht so schnell aufgeben. Wenn sie versuchte, Papa zu überreden, dann spürte sie das Bauchweh fast gar nicht mehr.

„Das stimmt leider, aber weißt du, ich habe mich nun einmal für diese Arbeit entschieden, und dann muss ich sie auch machen. So ist das leider, wenn man erwachsen ist."

Mira runzelte die Stirn. „Wieso denn? Du kannst doch einfach was anderes machen. Erwachsene können sich doch alles aussuchen. Ich kann mir nicht aussuchen, dass ich zu Mathe gehe."

„Das ist nicht so einfach. Ich kann doch nichts anderes. Ich habe diesen Beruf gelernt. Wir wollen ja Sonntag auch Brötchen kaufen gehen, oder?"

Mira liebte es, sonntags mit Papa Brötchen zu holen. Mama und die Zwillinge schliefen dann immer noch, da Mama sie nachts stillte und Mama deshalb den verlorenen Schlaf nachholen musste. Da Papi und Mira gerne früh aufstanden, schlichen sie leise aus der Wohnung und liefen zum Bäcker in die Milchstraße. Sie tranken dort eine heiße Schokolade, bevor sie mit den noch warmen Brötchen nach Hause zurückkehrten. Das war immer wunderschön.

Mira seufzte. „Dann bis heute Abend..."

Später ging Mama mit Mira zu Frau Doktor Brandt.

„Bauchweh hast du?" Die Kinderärztin schielte mit sorgenvoller Miene über ihre Brillenränder und tastete Miras Bauch ab. „Dein Bäuchlein ist ganz weich. Hast du etwas Falsches gegessen? Hast du etwa deinen Brüdern die Schokoweihnachtsmänner weggefuttert, die sie zwar von Oma bekommen haben, aber noch nicht essen durften?" Jetzt guckte Frau Doktor Brandt ganz streng, aber Mira wusste, dass sie nur Quatsch machte. Mira musste lachen.

„Na siehst du, so gefällst du mir schon besser." Die Kinderärztin lächelte. „Aber sag mal Mira, tut der Bauch häufiger weh?"

„Schon..."

Frau Doktor Brandt schielte nun zu Mama und den Zwillingen. „Haben Sie eine Idee, woher die Bauchschmerzen kommen?"

„Mira ist ziemlich durcheinander. Wir waren mit ihr bei einer Testung."

Dann erzählte Mama alles über die Termine bei Frau Zimmermann.

„Und nun? Wie geht es jetzt weiter, Mira?"

„Ich soll jetzt einmal die Woche zu Frau Bernhard gehen." Mira spürte wieder einen Knoten im Bauch.

„Sieh mal, da hat es aber gerade gezwickt, oder?" Frau Brandt sah Mira ernst an.

Mira nickte.

„Was hast du denn bei Frau Zimmermann gemacht? Kannst du dich noch erinnern?"

„Sie hatte Aufgaben für mich. Die habe ich gemacht."

„Und waren sie schwer?"

Mira war unsicher, was sie sagen sollte. Sie nickte vorsichtig.

„Und dann haben sie nicht so gut geklappt?"

Mira nickte wieder.

Und was denkst du, warum sie nicht geklappt haben?"

Mira seufzte. „Weil ich eine Rechenstörung habe oder eine Schwäche."

„Ach?" Frau Brandt guckte verdutzt. „Woher kennst du denn diese Wörter?"

„Das hat Frau Zimmermann gesagt. Deshalb kann ich das alles nicht, was die anderen Kinder können."

Am Abend als Papa nach Hause kam, lag Mira schon im Bett. Sie konnte nicht schlafen. Sie wusste, dass sie morgen wieder in die Schule musste. Das fühlte sich ganz doof an und nachdem Papa ihr Gutenacht gesagt hatte, hörte Mira auch noch, dass Mama und Papa stritten. Das war noch schlimmer. Und das allerallerschlimmste war, dass Mama und Papa ihretwegen stritten.

„Frau Brandt meinte, wir könnten noch mal zu einer anderen Psychologin gehen", sagte Mama.

„Zu noch einer Psychologin? Hat das nicht gereicht?"

„Na, du wolltest ja schon nicht, dass Mira zu Frau Zimmermann geht."

„Wäre wohl auch besser gewesen, wenn sie es nicht getan hätte."

„Was soll das denn heißen?"

„Na, dann hätte sie vielleicht heute kein Bauchweh gehabt."

„Aber...", danach hörte Mira erstmal nichts.

„Sie ist sieben. Sie soll nicht einen Termin nach dem anderen haben. Vielleicht braucht sie nur etwas länger!" Papa klang ärgerlich.

„Du hast Frau Zimmermann doch selbst gehört. Mit „etwas länger" ist es nicht getan."

„Ja, ich habe Frau Zimmermann gehört. Das habe ich. Und jetzt frag' nicht schon wieder, was das heißen soll, das weißt du genau."

„Du bist so empfindlich. Ich will Mira doch nur helfen!" Nun klang auch Mama ärgerlich. „Wenn es nach mir ginge, dann würden wir auch sofort nach weiterer Förderung gucken. Frau Zimmermann hat gesagt, dass wir das selbst bezahlen müssen, aber das ist mir gleichgültig. Ich will Mira helfen."

„Ich will Mira auch helfen. Aber mehr ist nicht immer besser!"

Mira presste sich das Kissen auf die Ohren. Nun hörte sie nur noch Rauschen. Das war besser.

Am nächsten Tag strengte sie sich an, so sehr sie konnte. Sie unterdrückte das Bauchweh und ging tapfer zur Schule.

Frau Lehmann empfing sie sehr freundlich. „Mira, was meinst du. Wollen wir deinen Klassenkameraden sagen, dass du eine Dyskalkulie hast, damit sie dich besser verstehen?"

Mira fühlte sich überrollt. Sie hatte keine Ahnung. Was sollte sie sagen? Sie zuckte mit den Schultern.

So stellte sich Frau Lehmann mit ihr vor die Klasse und erklärte den Kindern, dass Mira nicht dumm sei und sie verstehen müssten, dass Mira nicht so rechnen könne, wie sie. Mira fühlte sich furchtbar. Sie traute sich gar nicht, aufzublicken.

In der Pause ging es auch schon los. Clara stieß ihr gegen den Arm und grinste boshaft. „Na, du bist also nicht dumm, aber du kannst es nicht. Ist schon klar." Dann lachte Clara und lief mit Desiré weg. Andere Kinder hatten das gehört und grinsten ebenfalls. Mira wäre am liebsten im Erdboden versunken. Aber das Schlimmste war ja, dass Clara Recht hatte. Sie hatte eben eine Störung oder eine Schwäche. Das hatte Frau Zimmermann ja auch gesagt... und zu Frau Bernhard musste sie heute auch noch gehen...

Als Mira an diesem Tag von der Schule kam, wollte sie noch nicht mal mit zu Oma Gerda fahren. Sie wollte nur in ihr Zimmer und dort eine CD hören. Bibi und Tina.

Als die Zwillinge Geburtstag hatten, waren seit der Testung schon zwei Monate vergangen.

Mira war einmal die Woche zu Frau Bernhard gegangen, aber sie war in Mathe kein Bisschen besser geworden.

Mathe wurde ja auch immer schwerer. Und Clara wurde auch immer fieser.

Mamas und Papas Streit hatte dazu geführt, dass sie nicht zu noch einer anderen Psychologin gegangen waren und Mira wusste nicht, ob das gut oder schlecht war. Sie wollte keine Termine mehr, aber sie hasste es auch, zu Frau Bernhard gehen zu müssen.

Mira übte manchmal sogar zuhause die Sachen, die Frau Bernhard ihr zeigte, aber auch das half nichts. Und Oma hatte sie auch schon lange nicht mehr besucht, weil sie Tante Rosa nicht treffen wollte. Sie wollte nicht, dass noch irgendjemand merkte, dass sie eine Störung oder eine Schwäche hatte. Manchmal musste sie daran denken, dass alles richtig doof war. Warum hatte nur sie solche Probleme? Alle anderen waren normal und konnten normal rechnen, aber in ihren Kopf wollten diese Zahlen einfach nicht rein. Und oft hatte sie Bauchweh und musste zuhause bleiben. Alles war richtig, richtig doof.

Und dann wurde mit einem Mal alles noch viel schlimmer. Papa kam eines Tages nach Hause und war ganz komisch. Beim Abendbrot sagte er mit ganz dunkler Stimme, dass er seine Arbeit verloren habe.

Mama guckte Papa überrascht an.

Mira sah von Mama zu Papa und dann wieder von Papa zu Mama. Sie wusste, was das hieß. Das hieß, dass Papa jetzt nicht mehr morgens zur Arbeit gehen würde. Aber was es bedeutete, dass wusste sie nicht. Es war so wie mit den Zahlen die nicht in ihren Kopf passten. Die Vorstellung, dass Papa nicht mehr arbeiten gehen konnte, die passte auch nicht in ihren Kopf. Mira spürte ein ganz komisches Gefühl im Bauch. Sie spürte, dass Mama und Papa sich Sorgen machten.

Alles wird noch viel schlimmer

„Wie meinst du das?", fragte Mama mit großen Augen.

„Wie, wie meinst du das? Wie ich es gesagt habe. Ich habe keine Arbeit mehr."

„Aber warum? Was ist passiert?"

„Wenn du es genau wissen willst: Pechstein war nicht zufrieden mit meiner Arbeit. Er meint, ich sei zu langsam."

„Was?" Mama guckte mit fassungsloser Miene. „Aber du arbeitest dort seit fünf Jahren!"

„Ja, und nun findet er, dass ich meine Arbeit nicht gut mache." Papa klang trotzig.

„Okay..." Mama atmete hörbar aus. „Lass uns da heute Abend allein drüber reden. Mira weiß nun, was los ist und alles andere können wir unter uns besprechen."

Am nächsten Morgen standen sie nur wegen Mira früh auf. Das war komisch. Papa war auch früh aufgestanden, aber er musste nicht los. Er saß mit krummem Rücken am Küchentisch und trank Kaffee.

„Was machst du denn jetzt, wenn ich in der Schule bin, Papi?" Mira setzte sich neben Papa. Sie testete wie heiß der Kakao war, den Mama vor sie gestellt hatte.

„Ich will versuchen, eine neue Arbeit zu finden."

„Wie macht man das?" Mira hatte noch nie darüber nachgedacht, wie Erwachsene Arbeit fanden.

„Ich werde am Computer nach Stellenausschreibungen suchen. Da schreiben Arbeitgeber rein, wenn sie jemanden suchen und dann muss ich Bewerbungen schreiben."

„Du wirst ganz bestimmt schnell etwas finden, mein Schatz!" Mama gab Papa einen Kuss auf die Wange.

Papa lächelte angestrengt.

„Aber du musst was suchen, was dir Spaß macht. Nicht so wie die andere Arbeit!" Das war Mira eben eingefallen. Vielleicht würde Papa dann lieber zur Arbeit gehen.

Papa seufzte. „Spaß, jaja."

Mira sah Papa stirnrunzelnd an.

„Wo sind denn meine beiden Kleinen?", lenkte Papa vom Thema ab.

Als Mira von der Schule kam, freute sie sich, dass Papa und Mama zuhause waren. Sonst kam Papa immer erst, wenn sie schon im Bett war. Ob er etwas mit ihr spielen würde? Eigentlich war es ziemlich aufregend, dass Papa nicht im Büro war. Und komisch. Ganz anders, als es immer gewesen war.

„Hallo Papi!", rief Mira, als sie in die Wohnung kam.

Papa saß am Computer. Der Drucker lief und um ihn herum lagen die Ordner, die sonst im Regal im Flur standen. Sie waren alle aufgeschlagen und manche Zettel lagen lose herum. Mira konnte nicht sagen, wie viel Zeug herum lag. Aber es war viel. Papa hatte Umschläge mit Unterlagen gefüllt und schon mit Adressen versehen.

„Hast du schon Arbeit gefunden?"

„Nein, so schnell geht das nicht. Ich muss erstmal diese Bewerbungen abschicken."

„Wo willst du denn arbeiten?"

„In anderen Firmen im Büro."

„Aber das mochtest du doch gar nicht!"

In den folgenden Wochen stand Papa jeden Morgen so früh auf wie Mira. Er saß den ganzen Morgen am Computer und nachmittags brachte er die Bewerbungen zur Post. Dann kamen die ersten Antwortschreiben und Papa wurde mit jedem Schreiben geknickter.

Wenn Mira nun von der Schule kam, dann lagen da immer seltener große Briefumschläge, die Papa zur Post bringen musste.

Manchmal, wenn Mira von der Schule kam, dann war der Computer zwar angestellt, aber Papa spielte mit Jona und Julien. Das war immer lustig. Mira legte sich dann sofort zu den Dreien und sie blödelten herum. Die Zwillinge waren so süß, wenn sie lachten. Mama guckte ab und zu und schüttelte den Kopf, aber darum kümmerten sich Mira und Papa nicht. Mama war ja nicht richtig ärgerlich und es war herrlich, nach der blöden Schule mit Papa, Jona und Julien Quatsch zu machen.

Aber eines Tages, nachdem Mira, Papa, Jona und Julien wieder herumgeblödelt hatten, es war ein Tag an dem Papa keine einzige Bewerbung abschicken konnte, hatte Mama eine wichtige Ankündigung zu machen. Beim Mittagessen sagte sie, dass Mira und Papa jetzt häufiger den ganzen Nachmittag mit Jonas und Julien Quatsch machen könnten. Sie würde nämlich in der Schule dreimal die Woche putzen gehen, damit etwas Geld hereinkam. Mama klang nicht lustig dabei. Mira und Papa guckten Mama verdutzt an.

Abends stritten Mama und Papa, als sie dachten, dass Mira schon schlafen würde. Aber Mira schlief nicht, sondern sie konnte Mama und Papa deutlich hören.

„Wieso willst du denn jetzt arbeiten?", fragte Papa.

„Na, du willst es offenbar nicht!"

„Natürlich will ich, wie kommst du denn darauf?"

„Es geht schon seit drei Monaten und du schreibst immer weniger Bewerbungen!"

„Es gibt keine Firmen mehr, die ich noch anschreiben könnte. Ich bemühe mich doch!"

„Nun, dann mach ich dir keinen Vorwurf, aber irgendwo muss ja auch Geld herkommen."

„Aber ich möchte nicht, dass du arbeitest. Du stillst doch die Kleinen sogar noch!"

„So ist es eben. Wenn du weiter Bewerbungen schreibst, dann ist es ja vielleicht auch nur eine Übergangslösung... Hoffentlich."

„Aber wir brauchen doch nicht dringend sofort mehr Geld!"

„Vielleicht doch. Die Stunden bei Frau Bernhard bringen ja anscheinend auch nicht viel. Vielleicht sollten wir uns doch nach einer Förderung umsehen."

„Aber das wird doch nichts nützen!"

„Warum wird das nichts nützen?" Mama klang verständnislos.

Dann wurden die Stimmen leiser. Aber Mira konnte sie doch noch hören, wenn sie sich bemühte.

„Mira hat eine innere Sperre. Sie will die Hilfe nicht. Das wird mit anderer Förderung nicht anders werden!"

„Denkst du, das ist das Problem?" Mama klang nachdenklich.

„Ich denke, das Wichtigste ist, dass wir Ruhe bewahren und Geduld haben. Das wird schon."

„Ich würde trotzdem gerne wenigstens eine weitere Meinung einholen. So wie Frau Dr. Brandt es vorgeschlagen hat."

Nach dem Streit ging Mama dreimal die Woche in die Schule zum Putzen. Sie hatte Mira vorgeschlagen, zu einer anderen Psychologin zu gehen, um eine weitere Meinung einzuholen, aber Mira wollte das nicht. Papa versuchte weiter, eine Arbeit zu finden und wurde von Tag zu Tag missmutiger und Mira hatte noch häufiger Bauchweh als ohnehin schon. Aber sie bemühte sich, trotzdem zur Schule zu gehen.

Manchmal, wenn Mira von der Schule kam und Mama schon zum Putzen gegangen war, dann hatte Papa noch seinen Schlafanzug an. Er spielte dann mit den Zwillingen und guckte betrübt auf den Computerbildschirm, wo nur der Bildschirmschoner lief und bunte Salzwasserfische herumschwimmen ließ.

Wenn Mira sich zu ihnen gesetzt hatte, ging Papa in die Küche und wärmte ihr das Essen auf, dass Mama gekocht hatte, damit Papa sich um die Bewerbungen kümmern konnte.

„Ich weiß nicht, wo ich mich noch bewerben soll? Es gibt einfach keine Arbeit für mich", seufzte Papa und reichte Mira den Teller.

„Jona braucht eine frische Windel, Papi." Mira sah Papa vorsichtig von der Seite an. Das Essen war viel zu heiß.

„Ach so?" Papa sah auf. Dann rümpfte er die Nase. „Ja, stimmt, jetzt rieche ich es auch. Komm her, kleiner Mann!" Papa nahm Jona hoch und verließ den Raum mit hängenden Schultern.

Mira sah ihm traurig nach. Warum war nur alles so blöd...

Und als Mama nach Hause kam, wurde erst alles richtig blöd. Papa hatte sich total viel Mühe gegeben, mal nicht an die Arbeit zu denken, die er suchte und Mira mit den Hausaufgaben geholfen. Ausgerechnet, als Mama die Tür aufschloss, hatte Julien versucht sich an der Tischdecke hochzuziehen und auf diese Weise den ganzen Tisch ab-geräumt. Papa war vor Schreck aufgesprungen und hatte ihn gerade noch wegziehen können, bevor ihm die Blu-menvase auf den Kopf purzelte. Als Mama also die Woh-nung betrat, war Papa vollkommen erschrocken, Mira verzweifelt, weil sie die Rechenaufgaben nicht verstand, Jona brüllte, weil er einen Schreck bekommen hatte, als

Julien einen Schreck bekam und Julien begann zu weinen, als er Mama sah, weil er in dem Moment erst bemerkte, dass sie die ganze Zeit nicht da gewesen war. Mama stand wie versteinert in der Tür. Dann nahm sie die Zwillinge auf den Arm und atmete tief durch. „Was ist denn hier los?"

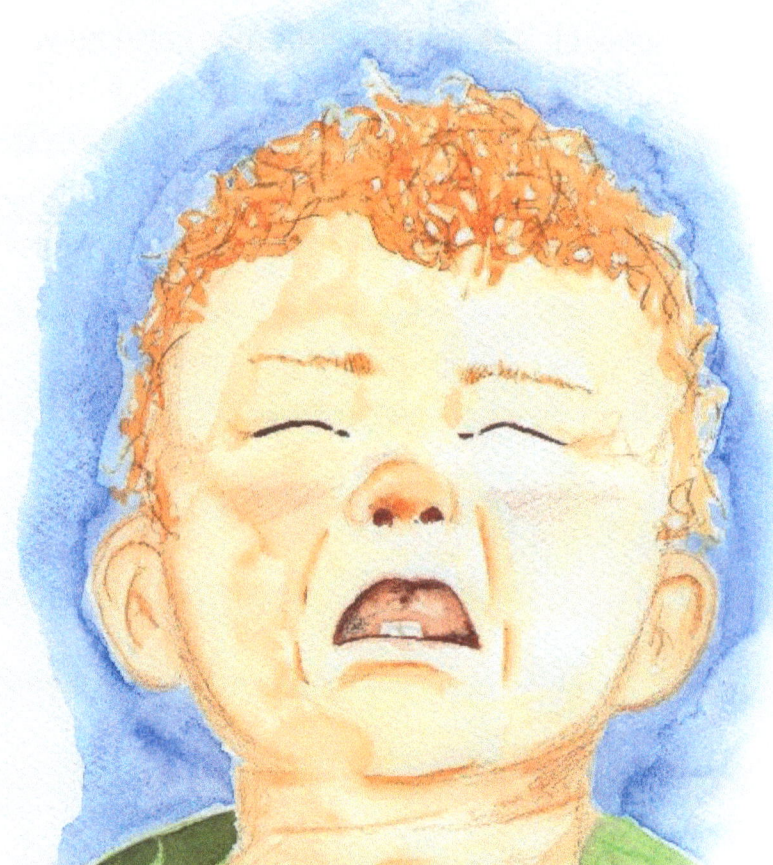

Papa und Mira standen hilflos da und starrten auf den Boden, auf dem die Tulpen traurig verstreut lagen und das Blumenwasser in den Dielenrillen versickerte.

Als alle sich ein wenig beruhigt hatten, spielte Mira mit ihren Brüdern auf der Decke, während Papa das Blumenwasser aufwischte. Just in diesem Moment wurde die Waschmaschine fertig und zu allem Überfluss musste Mama nun auch noch feststellen, dass die eigentlich weiße Wäsche rosa verfärbt war von Miras neuem Pulli.

„Wie soll es nur weitergehen...", seufzte sie leise.

Papa und Mira blickten zu Mama. Mira hätte heulen können.

„Ich kann einfach gar nichts. Es ist zum Verzweifeln!", flüsterte Papa und da musste Mira wirklich heulen. Schnell wischte sie die Tränen weg und drückte Julien fest an sich.

Mama blickte auch auf und starrte Papa an und mit einem Mal begannen ihre Augen zu funkeln. Und dann sagte sie verzweifelt „Ich gebe mir wirklich solche Mühe geduldig mit euch zu bleiben aber es wird immer schlimmer mit euch Zweien! Es ist als kämpfte ich gegen einen kleinen fiesen Zwerg, der auf deiner Schulter sitzt, Lukas. Der dir ständig einflüstert, dass du nicht gut genug bist. Und bei dir Mira, sitzt dieser große Drache in deinem Kopf, der dich triezt und ärgert und die Zahlen einfach nicht in deinen Kopf reinlassen möchte. Was soll ich nur mit euch beiden machen?

An diesem Abend lag Mira lange wach. Sie konnte nicht denken. Alles war in ihrem Kopf durcheinander. Die Bilder des Tages drehten sich in ihr herum. Ihr Herz pochte ganz doll. Sie sah Mama, die wie erstarrt in der Tür gestanden hatte., Papa, der gerade noch Julien hatte wegziehen können, bevor die Vase krachend zu Boden gegangen war.

Jona der brüllte und Julien der weinte und Mama die Ärmchen entgegenstreckte. Und sie sah die rosa Kleidungsstücke und Mama, die seufzte. Sie sah Papa mit niedergeschlagenem Blick und dann hörte sie Mamas Worte: „Ein böser kleiner Zwerg, der auf Papas Schulter saß und ein böser großer Drache in ihrem Kopf..."

Und in diesem Augenblick sah sie ihn richtig vor sich, den großen bösen Drachen.

Da saß er, in einem Wald voller grüner Bäume. Er saß in einem Höhleneingang und grinste frech und boshaft.

Und am nächsten Tag im Matheunterricht erlebte sie etwas, das sie noch nie erlebt hatte. Das erste Mal fühlte es sich nicht mehr nur so an als würden die Zahlen nicht in ihren Kopf passen, sondern Mira sah den Drachen der den Höhleneingang versperrte. Deshalb konnte die Zahl, die an der Tafel stand, einfach nicht in ihren Kopf. Mira sah vorsichtig zu dem Drachen und blieb lieber hinter einem Baum versteckt. Der Drache sah böse und hinterlistig aus. Mira machte er Angst.

An diesem Abend brachte Papa Mira ins Bett.

„Papa?"

„Ja."

„Weißt du noch, was Mama gesagt hat?"

„Was denn?"

„Das mit dem Drachen und dem Zwerg."

„Ach das." Papa lächelte. „Erwachsene denken sich manchmal Bilder aus, um etwas zu verdeutlichen. Mama ist jetzt nicht mehr ärgerlich. Das weißt du doch." Papa gab Mira einen Kuss auf die Stirn und deckte sie fest zu.

„Nein Papa, das war nicht nur ein ausgedachtes Bild. Mama hat Recht. Da ist wirklich ein Drache. Ich kann ihn ganz deutlich sehen."

Papa sah Mira verwundert an. Er schien nachzudenken. „Was meinst du?"

„Da sitzt ein Drache in einem Höhleneingang. Mama hatte Recht und er lässt die Zahlen nicht in meinen Kopf. Kannst du den Zwerg auch sehen? Ist da wirklich ein Zwerg auf deiner Schulter?"

„Ich... keine Ahnung...", stammelte Papa. Ich habe da nicht... drüber nachgedacht..."

Eine Weile schwiegen sie und Papa schien nachzudenken.

Mira beobachtete Papa. Während er nachdachte, verdunkelte sich sein Gesichtsausdruck etwas, er plinkerte mit den Augen und seine Mundwinkel zuckten. Er rieb sich mit der Hand über das Gesicht und stützte den Kopf in die Hände... Schließlich seufzte Papa und dann sagte er: „Ja, ich denke, Mama hat Recht, da ist ein Zwerg und er ist richtig fies."

„Wieso wusste Mama das und wir nicht?"

Papa überlegte wieder. „So ist Mama. Sie kann sehr genau gucken", sagte er schließlich. „Ich denke, ich gehe morgen mal in Omas Blumenladen und kaufe Mama einen Strauß als Entschuldigung, weil sie es manchmal nicht leicht hat mit mir."

„Ja, das finde ich gut." Mira seufzte und drehte sich auf die Seite. „Kannst du von mir auch ein paar Lilien dazu stecken? Sie hat es mit mir manchmal auch nicht leicht."

„Na klar." Papa gab Mira noch einen Kuss.

Nun würde Mira gut schlafen können.

Miras Drache

Von dem Tag an als Mira zum ersten Mal den großen bösen Drachen gesehen hatte, von dem Tag an sah sie ihn immer und immer wieder. Mit einem Mal war für sie alles klar. Er war nicht nur im Matheunterricht da und versperrte den Zahlen den Weg. Er war immer da. Warum nur hatte sie ihn nie gesehen? Er war die Störung, von der Frau Zimmermann gesprochen hatte. Und klar, er störte Mira ja auch. Aber es war, genau wie Mama es gesagt hatte. Es war kein Fehler an ihr, sondern da war ein gemeiner, großer, böser Drache und er versperrte ihren Kopf. Er versperrte ihren Kopf, wenn sie rechnen wollte. Aber er versperrte auch ihren Kopf, wenn sie wissen wollte, was die Uhr anzeigte. Er versperrte den Eingang zur Höhle mit seinen verschränkten riesigen Flügeln und starrte sie finster und hämisch an. Und wenn Clara über sie lästerte, dann grinste er böse und fauchte Mira mit einer Feuerfontäne an und das machte ihr Angst.

Aber eines Tages geschah etwas völlig verrücktes!

Im Matheunterricht fragte Frau Lehmann nach den Hausaufgaben.

Mira hasste das. Sie hatte die Hausaufgaben zwar mit Mama gemacht, aber selbst das Vortragen war furchtbar, weil sie mit diesen Zahlen nichts anfangen konnte, weil da ja der Drache saß und sie an die Lösungen nicht herankam. Alle trugen ihre Hausaufgaben vor. Einer nach dem anderen und dann kam Mira an die Reihe. Wieder sah sie den Drachen mit seinen verschränkten Flügeln, dann fiel ihr Blick auf Clara, die sie schadenfroh angrinste und mit einem Mal war Mira wütend. Wütend auf den Drachen und wütend auf die blöde Clara. Jetzt wollte Mira erst recht ihre Hausaufgabe Nr. 5 vortragen, wie Frau Lehmann es verlangt hatte. Sie funkelte den Drachen zornig an und dann strengte sie sich an, so sehr sie konnte. Sie las vor, was in ihrem Heft stand und was sie erinnerte, mit Mama geschrieben zu haben. Als sie Clara ansah, bemerkte sie, dass die sich gelangweilt wegdrehte, denn es war richtig gewesen, was Mira vorgetragen hatte. Das war das erste Wunder. Aber dann geschah das andere Wunder und das war das Unglaubliche: Der Drache senkte den Kopf und er wurde mit einem Mal kleiner. Mira spürte Mut. Das war ihr schon lange nicht mehr passiert. Nun wusste sie, was sie tun musste. Sie musste gegen den Drachen kämpfen und das konnte sie, wenn sie tat, was er verhindern wollte. Sie musste gegen ihn kämpfen und dann würde er kleiner werden. Kleiner und kleiner.

Und von da an achtete Mira genau darauf, wann sie dem Drachen zeigen konnte, dass sie stärker war. Sie strengte sich an, so sehr sie konnte. Sie machte alles, was Frau Bernhard sagte und übte und übte und der Drache wurde jedes Mal wieder etwas kleiner. Aber sobald sie Angst hatte und das Gefühl zurückkam, dass sie dumm war, schon wurde er wieder stärker und größer. Dann holte Mira tief Luft, starrte ihn wütend an und flüsterte zu sich selbst, dass sie keine Angst hatte, dass sie stärker war. Einen großen Triumph erlebte sie, als sie sich das erste Mal im Matheunterricht bei Frau Lehmann meldete, obwohl sie sich nicht sicher war, ob die Antwort richtig sein würde. Aber sie biss die Zähne zusammen und fragte Frau Lehmann einfach noch einmal, wie sie die Aufgabe gemeint hat. Damit hatte der Drache nicht gerechnet. Vor allem hatte er nicht damit gerechnet, dass Frau Lehmann sich über die Frage freuen und Mira loben würde. Der Drache wurde wieder etwas kleiner.

Abends war Mira todmüde.

Am nächsten Morgen war der Drache jedes Mal wieder so groß und stark wie am Morgen zuvor. Der Kampf begann aufs Neue. Aber Mira wollte sich nicht unterkriegen lassen. Und wenn sie dann schon ihrem Widerwillen, in die Schule zu gehen widerstand, dann wurde er wieder kleiner. Wenn sie Mama tapfer erklärte, dass alles gut war, es ihr gut ging und sie sich schon auf Mathe freute, dann wurde er noch etwas kleiner und sie größer.

„Ich habe dir einen Kakao gemacht, trinkst du den noch?" Mama wollte Mira über das Haar streichen, aber Mira zuckte unwillkürlich zurück.

Als Mama sie mit gerunzelter Stirn ansah, schaute sie weg. „Ich bin spät dran, Mama. Ich will nicht zu spät kommen."

„Du solltest aber wenigstens deinen Kakao trinken, wenn du schon nichts isst."

Mira seufzte. Sie wollte einfach schnell los. Jetzt hatte sie den Drachen gerade etwas kleiner gekriegt. Wenn sie jetzt gemütlich bei Mama saß und Mama vielleicht noch fragte, wie es ihr ging und ob alles okay war, dann würde er bestimmt wieder fies grinsen. Dann fing die Arbeit von Neuem an. Lieber schnell los und die Schule hinter sich bringen.

„Was ist hier los?" Papa, der eben in die Küche gekommen war, blickte von Mama zu Mira und wieder zurück.

„Mira will ihren Kakao nicht trinken." Mama verzog den linken Mundwinkel, wie sie es immer tat, wenn sie unzufrieden war.

„Es ist schon spät. Ich will nicht zu spät kommen", sagte Mira gereizt. Hoffentlich fing jetzt nicht auch noch Papa an zu nerven.

„Wenn du willst, fahre ich dich rum. Aber Mama hat Recht. Du solltest erst etwas zu dir nehmen. Der Schultag ist lang und anstrengend."

Mira starrte Papa zornig an. Woher wollte er denn bitte wissen, wie anstrengend ein Schultag war? Er hatte doch gar keine Ahnung. In dem Moment grinste der Drache böse.

„Die Schule ist nicht anstrengend und lang!", fauchte Mira Papa wütend an. „Du musst da doch gar nicht hingehen. Du weißt das gar nicht. Ich bin nicht dumm. Und Mathe kann ich auch."

Mama und Papa starrten Mira erschrocken an.

„Okay...", sagte Mama schließlich langgezogen. „Ich denke, wir sollten... reden...?"

Mira hatte das Gefühl, der Boden unter ihr würde schwanken. Sie schwamm zwischen Mamas Blick und Papas Blick und dem Grinsen des Drachens.

„Nein, ich will jetzt einfach in die Schule. Es ist alles okay. Es geht mir gut...", flüsterte Mira schließlich kraftlos. Dabei starrte sie den Drachen an, in der Hoffnung, er würde wieder kleiner. Das wurde er aber nicht. Er merkte genau, dass Mira das nicht wirklich meinte. Er ließ sich nicht täuschen. Wie sollte sie jetzt die Schule schaffen?

In dem Moment hörten sie, dass Julien aufgewacht war und weinte.

„Ich muss zu Julien gehen, tut mir leid." Mama klang hilflos. Sie ging aus der Küche. Papa und Mira standen allein im Raum.

Papa sah Mira nachdenklich an und irgendwann konnte Mira Papas Blick nicht mehr widerstehen und ließ sie sich in seine Arme fallen. Papa hielt sie ganz fest.

„Was ist los, Mäuschen."

Und dann erzählte Mira Papa von ihrem Kampf gegen den Drachen und wie anstrengend das war und dass er immer wieder stärker wurde und sie immer wieder von vorn beginnen musste.

„Es geht mir genauso", flüsterte Papa schließlich.

Mira sah Papa überrascht an.

Papa nickte seufzend. „Es geht mir genauso. Erst habe ich gedacht: Super. Jetzt weiß ich, was das Problem ist und jetzt kann ich den blöden Zwerg verjagen, aber er kommt immer wieder. Immer wenn ich denke, jetzt sei endlich Ruhe, schwupp, dann ist er wieder da und geht mir auf die Nerven."

Eine Weile standen sie einfach da, Papa hielt Mira fest und Mira Papa. Da fiel Mira etwas ein, daran hatte sie gar nicht mehr gedacht bei der ganzen Anstrengung gegen den Drachen zu kämpfen. „Papa, du hast Mama die Blumen gar nicht gekauft, oder?"

Papa ließ Mira ruckartig los. „Verflixt, du hast Recht! Das muss ich ganz schnell nachholen! "

Papa versprach, Mira nach der Schule abzuholen um mit ihr gemeinsam zu Omas Blumenladen zu fahren.

Als Mira die schwere Ladentür aufschob und ihr der Geruch von Blumenwasser und Blumen entgegenschlug spürte sie, wie sehr sie Oma in den letzten Wochen vermisst hatte.

Und da stand Oma vor ihr und Mira fiel ihr um den Hals.

„Wo bist du denn die ganze Zeit gewesen?" Oma gab Mira einen dicken Kuss auf die Wange und strich ihr über das Haar. „Ich habe hier gewartet und gewartet und du bist nicht gekommen. Tante Rosa hat auch schon nach dir gefragt.

Mira seufzte traurig.

Oma hielt Mira nur fest und dann entdeckte sie auch Papa. „Was macht ihr Zwei denn hier?"

„Hallo Mama, Mira und ich müssen dringend Blumen kaufen. Und ihr müsst euch wohl in Ruhe unterhalten."

Oma nickte. Sie guckte Mira ganz ernst in die Augen und fragte: „Magst du mich nicht mehr besuchen?"

„Doch, aber..." Und dann erzählte Mira Oma alles von dem Drachen und ihren Versuchen, den Drachen klein zu kriegen, während Papa von Vase zu Vase schlenderte und sehr nachdenklich aussah. Er schritt die verschiedenen Blumensträuße ab und überlegte offenbar, welcher der schönste war. Mira konnte sehen, dass Papa anscheinend mit keinem Strauß so recht zufrieden war. Aber sie konnte nicht wissen, dass genau in dem Moment, als er überlegte, selbst einen Strauß zu binden, der Zwerg auf seiner Schulter anfing, auf ihn einzureden. Schließlich nahm Papa einen großen Strauß mit zart-rosa Lisianthusblüten, die wie sehr zarte Rosen aussahen, dunkelrosafarbenen Rosen, rosa Alstroemeria mit dem lustigen Namen

„Dandy Candy", die auch Tante Rosa sehr liebte, wie Mira wusste. Außerdem erkannte Mira in dem Strauß rosa Freesien, die wie die „Dandy Candy"-Blüten ihre länglichen Kelche emporreckten, als ob nur sie Anspruch auf das Sonnenlicht hätten, während ihre grünen Stielenden sich hinunterneigten. Dann war noch rosa Limonium eingearbeitet, dass dem Strauß mit seinen kleinen hübschen Blüten, die buschig zusammenstanden, Fülle verlieh. Dazwischen reckten sich leuchtend-grüne, spitze Ruskus- und dunkelgrüne, runde Eukalyptusblätter, sowie fein verästeltes, krautiges Pistochia. Der Strauß wirkte sehr frühlingshaft. Genau wie das Wetter draußen. Er war wunderschön. Mira ahnte, dass Oma ihn extra für Tante Rosa gesteckt hatte, die diese Kombination liebte. Aber es fehlte etwas. Es fehlte der letzte Schliff, wie Oma immer sagte und den sie meistens Mira aushecken ließ. Mira sah sofort, was dem Strauß fehlte. Es war ein Hingucker. Eine Blüte mit einer herausstechenden Farbe und Form. Unwillkürlich blickte sie sich im Laden um, ob sie die richtige Blume fand.

Oma dachte eine Weile nach. Dann sagte sie etwas, mit dem Mira nie gerechnet hätte: „Wenn du den Drachen nicht besiegen kannst, dann musst du herausfinden, was er von dir will."

Mira sah Oma erstaunt an. „Was?", rief sie. „Wie soll ich das denn machen? Er ist böse."

„Ist er das? Du kennst ihn doch noch gar nicht. Sprich mit ihm und finde heraus, was er will. Vielleicht ist er nicht böse, sondern zornig. Manchmal täuscht man sich in den Gefühlen anderer Lebewesen und nur wenn man mit ihnen spricht findet man heraus, was sie wirklich fühlen." Während Oma das sagte, sah sie Papa nachdenklich an, der ratlos mit dem Strauß auf und ab ging.

Mama freute sich riesig über den Strauß, auch wenn der letzte Schliff fehlte. Mira fühlte sich an diesem Abend viel besser, weil sie Oma alles erzählt hatte und jetzt wieder alles gut war, mit ihr und Oma. Und weil sie mit Oma besprochen hatte, dass sie am nächsten Tag nach der Schule zu ihr gehen würde um einen Strauß für Tante Rosa zu binden. Mama hatte ja den Strauß bekommen, den Oma für Tante Rosa gebunden hatte.

Und dann tat sie, was Oma ihr geraten hatte. Es war, als sie daran dachte, dass sie morgen in die Schule gehen musste. Da nämlich konnte sie den Drachen wieder sehen. Wieder stand sie im Wald zwischen den im Wind flatternden Blättern und auf dem weichen Moos unter ihren Füßen. Sie lugte hinter einem großen knorrigen Baum hervor in Richtung der Höhle. Dort saß er und er grinste böse. Als er Mira entdeckte, fauchte er eine Feuerfontäne aus und lachte auch noch.

Mira musste ihren ganzen Mut zusammennehmen und sie rief ihm zu: „Warum machst du das? Was willst du denn?"

Der Drache sah sie erstaunt an. Aber dann funkelten seine Augen böse und Mira bekam noch mehr Angst. Als der Drache sich auch noch bewegte, wäre sie am liebsten weggerannt. Aber da fielen ihr Omas Worte wieder ein. „Vielleicht ist er nicht böse, sondern zornig. Manchmal täuscht man sich in den Gefühlen anderer Lebewesen und nur wenn man mit ihnen spricht findet man heraus, was sie wirklich fühlen."

Mira machte einen Schritt hinter dem Baum hervor auf den Drachen zu. Ihr wurde ganz schwindelig von dem Mut, der mit einem Mal in ihr war. „Warum fauchst du mich immer an? Was willst du? Bist du böse?", rief sie so laut sie konnte. Das war zwar nicht besonders laut, aber der Drache sah sie trotzdem mit ganz verdattertem Gesichtsausdruck an. Dann runzelte er die grüne Stirn und rief, er konnte tatsächlich sprechen: „Wieso soll ich böse sein? Wieso sagt du das?"

Mira war so überrascht, dass mit einem Mal die ganze Angst weg war. „Immer fauchst du mich an und guckst böse. Warum machst du das? Was habe ich dir getan?"

„Ich gucke überhaupt nicht böse. Ich gucke wie ein Drache. So gucken Drachen eben."

Mira überlegte. „Nein, das stimmt nicht. Manchmal guckst du weniger böse und manchmal böser. Also, sag jetzt die Wahrheit."

„Weil du mich nicht magst. Deshalb werde ich wütend."

Mira konnte kaum glauben, was sie da hörte. „Wie soll ich dich denn mögen? Du ärgerst mich immer. Du versperrst mir den Weg und den Zahlen auch. Wieso machst du das?"

„Ich wohne hier!" Der Drache klang ganz empört.

„Du wohnst da?" Mira war noch erstaunter.

„Das ist meine Höhle. Ich wohne hier."

„Wieso wohnst du da?"

„Das weiß ich doch nicht. Aber das ist meine Höhle. Du kommst hier immer gucken und dann läufst du weg. Du magst mich nicht. Dabei habe ich dir nichts getan."

„Du versperrst mir den Eingang!"

„Aber das ist meine Höhle!"

„Du musst dir eben eine andere Höhle suchen!"

„Das kann ich nicht. Wo soll ich denn hin?"

„Hier müssen die Zahlen rein. Hier kannst du nicht wohnen."

„Siehst du? Du magst mich nicht. Und immer versuchst du hier die Zahlen reinzustopfen. Dabei habe ich dafür gar keinen Platz. Da drin stehen mein Bett und mein Tisch."

Mira sah den Drachen ungläubig an. „Warum wohnst du in der Zahlenhöhle? Andere Kinder haben auch keine Drachen in ihren Zahlenhöhlen."

„Das weiß ich auch nicht. Warum magst du mich nicht?"

„Du störst mich. Du bist schuld, dass ich nicht rechnen kann und dass die anderen mich auslachen."

„Aber da kann ich nichts für. Ich bin eben da und ich will nicht, dass du mich nicht leiden kannst. Das macht mich wütend." Während der Drache das sagte, sah er kein bisschen wütend aus, fand Mira. Eigentlich sah er traurig aus. Mit einem Mal hatte Mira überhaupt keine Angst mehr vor ihm. Aber leiden konnte sie ihn trotzdem nicht. „Kannst du nicht aufhören mich zu ärgern? Kannst du nicht wenigstens ein bisschen Platz machen für die Zahlen?"

Der Drache verschränkte die Flügel vor der Brust und sah Mira funkelnd an. „Ich will nicht. Die Höhle ist das Einzige, was ich habe. Hier gibt es sonst nichts. Meine Höhle teile ich nicht."

„Und wie soll ich dich dann mögen? Du bist geizig." Mira blitzte den Drachen ebenfalls zornig an.

Eine Weile schwiegen beide und Mira wusste auch nicht, was sie noch sagen sollte.

„Ich kann dir helfen", sagte mit einem Mal der Drache leise und luscherte zu Mira rüber.

Mira sah den Drachen verwundert an. „Wie willst du mir helfen?"

„Wenn wir Freunde sein können, dann helfe ich dir. Wir finden im Wald Orte, wo du deine Zahlen hintun kannst. Andere Orte. Und außerdem habe ich eine Idee, wie du deinem Papa helfen kannst."

Mira sah den Drachen ungläubig an. „Das würdest du tun?"

Mira lag noch lange wach an diesem Abend. Die Idee, die der Drache ihr erklärt hatte, war richtig super. Morgen würde sie den Plan in die Tat umsetzen. Und dann konnte Mira richtig gut schlafen.

Papas Zwerg

Am nächsten Tag war etwas anders in der Schule.

Zum ersten Mal scheute sie nicht davor zurück, dem Drachen zu begegnen und zum ersten Mal verstand sie eine Übung, die Frau Bernhard ihr zeigte. Der Drache hatte sein Versprechen gehalten und ihr einen anderen Ort gezeigt, wo sie die Zahlen hinstecken konnte. Zwar funktionierte das ganz anders, als sie es sich vorgestellt hatte und es war auch ganz schön mühsam, aber es funktionierte. Das war wie ein Wunder und Frau Bernhard lobte Mira richtig. „Siehst du Mira, manchmal braucht es sehr viel Arbeit und sehr viel Geduld, aber wenn du so weitermachst, dann wirst du immer besser mit Zahlen zurechtkommen. Ich bin wirklich stolz auf dich."

Am Nachmittag erzählte Mira Oma von all dem Neuen das geschehen war und Oma war richtig beeindruckt.

„Aber Mira, es wird leider ganz bestimmt noch manchmal sehr mühsam. Trotzdem freuen wir uns jetzt erstmal über diese tollen Neuigkeiten. Machst du den Strauß für Tante Rosa fertig? Sie wird bestimmt bald hier sein. Du weißt ja, sie sieht genau, wenn du an ihrem Fenster vorbeimarschierst."

Oma behielt natürlich Recht und Mira freute sich auch, nach so langer Zeit Tante Rosa wiederzusehen. Es war einfach herrlich im Blumenladen zu sein. Bei Oma und zwischen all den wunderschönen Blüten und Blättern um Tante Rosa eine Freude zu machen, mit einem selbstgesteckten Strauß und keine Angst mehr zu haben.

Nur als Tante Rosa bei Mira bezahlen wollte, da kam mit einem Mal wieder Angst in ihr hochgekrochen. Aber sie holte tief Luft und lächelte dem Drachen so freundlich zu, wie sie nur konnte. Innerlich flüsterte sie: „Du hast mir geholfen, ich mag dich jetzt." Und der Drache lehnte sich zurück und blinzelte in die Sonne, die durch die Zweige blitzte.

„Bezahlen kannst du bei mir, Rosa", rief Oma zwinkernd.

An diesem Abend konnte Mira nicht auf Mama warten, die sie nach dem Putzen in der Schule bei Oma abholen wollte.

Gegen vier rief sie vom Blumenladen aus bei Papa zu Hause an.

„Feldner?" Papas Stimme war anzuhören, dass die Zwillinge ihn auf Trab hielten.

„Papa, hier ist Mira. Kannst du mich bitte abholen kommen?"

„Aber Mama wollte dich doch mitbringen, wenn sie von der Arbeit kommt."

„Das geht nicht. Oma ist gefallen und hat sich den Fuß verletzt. Kommst du bitte?"

„Ich bin schon unterwegs!"

Dafür, dass Papa sich und die Zwillinge hatte fertig machen müssen, war er echt schnell im Blumenladen. Er stieß die schwere Tür auf und stürmte mit Jona und Julien im Kinderwagen herein.

„Mama? Was ist passiert?" Er lief auf Oma zu, die auf einem Stuhl hinter dem Verkaufstresen saß und den Fuß auf einen Schemel gelegt hatte.

Papa betrachtete den Verband um Omas Bein.

„Ach, es ist nicht so schlimm. Du siehst ja. Mira hat mir schon einen Verband gemacht."

„Nee nee, wir fahren ins Krankenhaus. Das muss bestimmt geröntgt werden."

„Ach Unsinn, du bist ja jetzt da und kannst Mira mitnehmen. Ich komm schon zurecht."

„Aber wenn es nun eine schwere Verletzung ist? Du solltest dich von einem Arzt untersuchen lassen. Ich fahre dich hin. Das ist überhaupt kein Problem."

„Nein, nein. Allerdings, wenn du mir wirklich helfen willst, dann wäre es wohl gut, wenn du morgen herkommen und mir im Laden helfen könntest. Ich weiß gar nicht, wie ich das alles allein schaffen soll." Oma seufzte.

Mira blickte auf. „Ich kann dir auch helfen? Ich muss nicht in die Schule!"

„Halt, stopp, brrr!", machte Papa. „Nein, nein. Du gehst schön in die Schule. Ja, ich komme morgen und helfe dir im Laden. Das ist kein Problem. Bewerbungen kann ich immer noch schreiben."

In den nächsten Tagen ging Papa jeden Tag in den Blumenladen. Oma saß nur da und brauchte ihm kaum zu sagen, was er tun sollte.

Am Donnerstag kam Mira nach der Schule auch in den Blumenladen. Sie setzte sich zu Oma und gemeinsam beobachteten sie Papa, wie er den Blumenladen alleine führte. Und dann geschah es. Ausgerechnet, als Oma und Mira sich grinsend zuzwinkerten, guckte Papa zu ihnen herüber. „Was sollte dieser Blick denn bedeuten?", fragte er mit strenger Miene.

Da mussten Mira und Oma beide loslachen und Papa runzelte die Stirn.

„Habe ich es doch geahnt. Du hast dir gar nicht den Fuß
verstaucht, oder?" Papa sah Oma mit funkelnden Augen
an.

Oma stand auf und trat extra doll auf ihren Fuß auf. „Sei
mir nicht böse, Lukas. Aber es war... eine ... Notlüge!"

„Es war überhaupt keine Lüge!", rief Mira da. „Mama
sagt, lügen ist es nur, wenn man etwas sagt, was nicht
stimmt, um einen Vorteil zu haben. Aber wir haben ge-
schwindelt, damit du einen Vorteil hast!"

„Ich einen Vorteil?" Papa sah Mira und Oma erstaunt an.

Dann atmete Oma tief durch: „Lukas, ich habe viel nachgedacht in den letzten Wochen und Monaten und ich habe etwas erkannt. Mira und ihr Drache haben mich darin unterstützt: Es war falsch von mir, dich damals davon abzuhalten, Blumenverkäufer zu werden und dich zu drängen Industriekaufmann zu lernen. Es war dumm von mir und es tut mir leid."

Papas Blick war nicht zu deuten. Er sah erstaunt, ungläubig und überrascht und alles zu gleich aus. Mira hatte keine Ahnung, was er nun sagen würde. Offenbar wusste Papa auch nicht, was er sagen sollte.

„Du denkst, ich sollte hier bei dir arbeiten? Aber... nach all den Jahren?"

„Ich denke, du solltest den doofen Industriekaufmann vergessen und endlich tun, was du immer wolltest. Oder gefällt es dir nicht mehr, Sträuße zu binden?"

„Und ob es mir gefällt. Aber ich erkenne dich gar nicht wieder..."

„Ich erkenne mich in letzter Zeit auch kaum wieder. Aber Mira verändert sich gerade und das ist wunderbar. Vielleicht war es eine Chance für dich, dass du die Arbeit verloren hast. Und ich muss mich auch verändern. Das weiß ich jetzt. Ich werde ja auch älter und weißt du, ich könnte mir nichts schöneres vorstellen, als dass du diesen Laden hier weiterführst und vielleicht irgendwann Mira, wenn sie es möchte. Aber ich werde nie wieder jemandem in seinen Berufswunsch hineinreden."

„Mama, ich weiß gar nicht, was ich sagen soll..."

„Sag ja, Papa, sag ja!", Mira griff nach Papas Hand und hopste aufgeregt auf und ab.

Papa lächelte nachdenklich. „Seit ich hier im Laden arbeite, ist der Zwerg viel ruhiger geworden. Manchmal streckt er mir ärgerlich die Zunge raus, wenn ein Kunde sich über einen meiner Sträuße freut. Aber es ist mir egal. Soll er sich doch ärgern. Es ärgert mich nicht mehr."

„Wenn du aber wirklich mit ihm auskommen willst, dann musst du ihn fragen, was er von dir will", erklärte Mira.

Eines Tages setzte sich Papa abends zu Mira. Es war einer dieser Abende, an denen sie ganz müde war von den ganzen Übungen, die sie brauchte, um neue Orte für die Zahlen zu finden. An diesem Tag hatte sie sich besonders über den Drachen geärgert. Papa lächelte sie an und strich ihr über das Haar. „Du weißt ja gar nicht, wie klug du eigentlich bist."

„Hm?" machte Mira nur. Sie war gereizt und schlecht gelaunt.

„Du hattest Recht. Ich habe gemacht, was du gesagt hast."

Mira blinzelte vorsichtig zu Papa hoch und runzelte die Augenbrauen. Und dann erzählte Papa von seinem Zwerg.

„Der Zwerg war eigentlich schon immer da. Und früher sind wir sogar Freunde gewesen. Aber das hatte ich total vergessen."

„Ihr ward mal Freunde?"

„Ja, das waren wir und das war eine richtig gute Zeit."

Mira wurde nun doch neugierig.

„Als ich ein Junge war, da hat er mir oft den richtigen Weg gezeigt. Und er hat mich gezwickt, wenn ich etwas Dummes machen wollte."

„Und wann ist er böse geworden?"

„Das war, als ich nicht auf ihn gehört habe und nicht gelernt habe, was ich eigentlich wollte. Stattdessen habe ich diese unsägliche Ausbildung gemacht, die ich von Anfang an nicht mochte. Das hat er mir übelgenommen."

Mira sah Papa nachdenklich an. Manchmal war alles so einleuchtend und doch ganz schön kompliziert.

„Aber warum hast du einen Zwerg und ich einen Drachen und andere haben gar nichts?"

„Das weiß ich nicht. Und ich weiß auch gar nicht, ob andere gar nichts haben. Du wusstest ja auch nichts von deinem Drachen. Vielleicht hättest du eher etwas von ihm gewusst, wenn ich dir eher von meinem Zwerg erzählt hätte, anstatt ihn zu hassen. Vielleicht wissen andere auch nichts von ihren Zwergen und Drachen und was es sonst so gibt. Jedenfalls sind Zwerge und Drachen nicht nur sehr anstrengend, sondern sie können einem helfen, wenn man akzeptiert, dass sie da sind und ihnen zuhört. Und deshalb ist es wichtig, dass du und der Drache immer Freunde bleibt. Denn ihr gehört zusammen. Auch wenn du ihn manchmal nicht verstehst.

Wie kam es zu dem Zahlendrachen? (Anne Kuster)

Als unsere Tochter zur Schule kam, wurde bei ihr eine Dyskalkulie diagnostiziert.

Endlich wussten wir was los war. Wir wurden verständnisvoller mit ihr. Wir mussten uns aber auch immer wieder daran erinnern, dass ihr logisches Denken, ihr Matheverständnis ein anderes war.

Phasenweise war von der Dyskalkulie kaum etwas zu merken und dann gab es wieder Phasen, in denen gar nichts mehr zu funktionieren schien.

Wir Eltern hatten nun einen Begriff, eine Erklärung. Es war greifbar. Zwar wusste unsere Tochter, dass sie eine Dyskalkulie hat, aber greifbar war es für sie überhaupt nicht. Sie quälte sich weiterhin durch den Zahlendschungel.

An einem Nachmittag machte sie in der Küche die Mathehausaufgaben. Sie kam einfach nicht weiter. Ich versuchte ihr zu erklären, dass sie nichts dafürkann, dass die Dyskalkulie daran schuld sei. Aber das machte sie nur noch verzweifelter. Und da begriff ich, dass das Wort, die Bezeichnung ihr nicht weiterhilft. Da kam mir die Idee vom Drachen.

Ich erklärte ihr, dass die Dyskalkulie ein Drache ist und es in ihrem Kopf eine Höhle gibt, mit ihrem gesamten Mathewissen. Aber an manchen Tagen würde der Drache ihr den Weg versperren. Sie hat das Wissen, kommt aber schlecht dran, da der große Drache ihr den Zugang verwehrt.

Und dann machte es auch für sie plötzlich Sinn. Es war etwas einfacher. Natürlich gab und gibt es weiterhin Momente in denen es immer noch schwer fällt. Aber ihr Verständnis für sich selbst ist besser geworden.

Und Verständnis füreinander und vor allen Dingen für sich selbst ist, denke ich, das absolut Wichtigste. Verständnis und Geduld und viele, viele Gespräche.

Nachwort von Rebekka Jost

Als ich, angeregt durch Anne angefangen habe, mich mit dem Thema Dyskalkulie zu beschäftigen, wusste ich darüber gar nichts. Nur, dass es das gibt. Ich habe gewusst, dass es manchen schwerer fällt als anderen, zu rechnen, aber ich habe nicht gewusst, dass es Menschen gibt, deren Gehirn Zahlen und Mengen nicht verarbeiten kann. Die eine Zahl sehen, aber nicht nachvollziehen können, was sie bedeutet und das Zahlen zu einander in Verhältnis stehen können. Menschen, deren Gehirn nicht mathematisch denkt, weil es eben anders arbeitet. Diese Menschen haben nicht nur im Matheunterricht Probleme, sondern diese Besonderheit wirkt sich auf ihr ganzes Leben aus, da sie überall umgeben sind von Zahlen und Mengen und Mathematik, von rechnerischen Zusammenhängen und Kategorisierungen.

Besonders berührt hat mich die Dokumentation „Unter DRUCK: Wie Christina (25) mit ihrer Dyskalkulie umgeht I TRU DOKU", abrufbar unter: https://www.youtube.com/watch?v=qvm-HXkN60Q, in der die 25-jährige Christina von ihrem Lebensweg berichtet. Sie hat erst mit 21 Jahren und nach einem elendig langen Leidensweg, die Diagnose bekommen. Es war für mich beeindruckend, welche Strategien und Tricks sie sich ausgedacht hat, um 21 Jahre lang mit dieser Besonderheit leben zu können, ohne zu verzweifeln. So hat sie etwa bereits zur Schulzeit eine Playlist erstellt, um den Tag zu strukturieren, da sie weder die Uhr lesen, noch mit dem Begriff Zeit etwas anfangen konnte.

Wenn Sie oder du den Gedanken haben/hast, dass Ihnen/dir bekannt vor kommt, was Mira erlebt oder sonstige Probleme mit Rechnen oder mit Zahlen bei dir, Ihnen oder jemandem aus dem näheren Umfeld vorliegen, dann lassen Sie sich, lass dich unbedingt beraten und suchen Sie sich/ such du dir Unterstützung. Das ist heute kein Tabuthema mehr, sondern ganz im Gegenteil. Der tägliche Kampf kann sich in eine große Erleichterung verwandeln, wenn endlich eine Erklärung gefunden wird und man Hilfe bekommt. Und wenn eine Dyskalkulie vorliegt, die einem das Leben schwer macht, dann geht das nicht durch mehr Arbeit und mehr Anstrengung und mehr Verheimlichen weg, sondern durch die richtigen Hilfestellungen, die aber nur gegeben werden können, wenn sie auch gesucht werden. Und dann stehen einem viel mehr Türen offen. Und was ganz wichtig ist. Dyskalkulie bedeutet nicht, dass man dumm oder intelligenzgemindert ist, sondern im Gegenteil. Oftmals fallen Besonderheiten wie Dyskalkulie oder Legasthenie sogar mit Hochbegabungen zusammen. Aber selbst wenn das nicht der Fall ist, und „nur" eine Dyskalkulie vorliegt, dann ist das kein Hinweis auf eine geringe Intelligenz, sondern eine Besonderheit des Gehirns und erst, wenn die jeweiligen Besonderheiten erkannt werden, kann man einem Menschen gerecht werden hinsichtlich der Förderung und Forderung. Und Dyskalkulie ist noch nicht einmal eine Seltenheit. Es gibt viele Menschen, die damit leben und die auch damit zurechtkommen.

Menschen mit Dyskalkulie können mit den Strategien derjenigen Menschen ohne Dyskalkulie nichts anfangen. Aber alle Menschen ohne Dyskalkulie können von Menschen mit Dyskalkulie eine Menge lernen. Sie lehren einen, dass wir in sehr festgefahrenen, enggezurrten Strategien, Strukturen, Schemen denken und unseren All-tag, unser Leben mit Methoden bewerkstelligen, die keineswegs zwangsläufig sind. Sie beweisen durch ihre verschiedenen Formen der Bewältigung ihrer täglichen Herausforderungen, dass man durchaus auch in und nach ganz anderen Strukturen denken und handeln kann. Wir leben, als gebe es nur diesen einen Weg, die Strategie alles in Zahlen und Größen, in Uhrzeit und durch Berech-nungen festzulegen zu bestimmen, zu ordnen und zu kategorisieren. Aber welche ungeheuren Leistungen jeder einzelne, der diese Techniken nicht beherrscht, tagtäglich erbringt, um trotz dieser festen Raster und mit ihnen durchzukommen, beweist, dass viel mehr in Menschen steckt, dass sie aber anscheinend nur aus sich herausholen können, wenn sie gezwungen werden. Schade daran ist nur, dass es ausgerechnet die Nicht-Dyskalkulie-Menschen sind, die die Menschen mit Dyskalkulie in die Zwangslage bringen, für sich irgendwelche unglaublichen Strategien zu ersinnen und umzu-setzen, um zu bestehen. Hoffentlich werden es mehr und mehr Menschen, die einen offenen Sinn und ein offenes Auge und Ohr dafür entwickeln, wenn Kinder und auch Erwachsene mit solch einer Besonderheit ihr Leben gestalten müssen und die diesen Menschen zügig Hilfestellung geben können und hoffentlich wird es mehr und mehr Menschen geben, die auch bereit sind, sich auf die Welt zum Beispiel von Menschen mit Dyskalkulie einzulassen, um von ihnen zu lernen, dass es rechts und links viel mehr gibt, als den einen ge-lernten Weg und sogar der eine gelernte Weg viel bunter und viel-gestaltiger ist, wenn man sich auf neue Denkmuster, Strukturen und Strategien einlässt.

Bereits erschienen ist das Kinderbuch

„Mathilda und der Mann auf der Bank"
Von Rebekka Jost & Anne Kuster

Mathilda lebt mit ihrer Familie auf dem Land.

Bei einer Reise in das winterliche Hamburg geht sie im Stadtpark
verloren.
Dies führt zu einer unverhofften Begegnung die nicht nur für sie
eine große Veränderung bringt.

Auf deutsch
ISBN: 9783751981880

Auf englisch
ISBN: 9783752691375